政治家の喧嘩力

松井一郎

PHP

序　政治家20年、「喧嘩」の連続だった

政治家として最も苦しかったのはいつか、と問われれば、それは２０１６年7月の参議院選挙だったかもしれない。

当時、私は大阪府知事であるとともに、国政政党「おおさか維新の会」の代表だった。狭い車に、私のほか、秘書や大阪の議員らも乗り込み、地方のでこぼこ道で左右に揺られながら、全国各地を巡った。

この1年余り前の15年5月、大阪府と大阪市の広域行政を再編する大阪都構想の住民投票が実施され、わずか0・8ポイント差で否決された。これを受け、高い発信力で維新を引っ張ってきた橋下徹さんが政界を引退。結党以来掲げてきた都構想の行方が見通せなくなり、橋下さんというカリスマ的なリーダーも失う、党として大きな試練を迎えたときだった。

一方で国政政党の維新は、一部の国会議員との意見対立が深まり、分裂など紆余《うよ》曲折《きょくせつ》を

経て、原点回帰で「おおさか」を冠する政党に。その党代表を私は橋下さんから引き継ぐことになった。しかし、全国的には無名だった私にとって、地域色が強く映る当時の維新が大型の国政選挙でどれだけ受け入れられるのか、正直、不安は大きかった。

実際、大阪以外では私の訴えに立ち止まって話を聞いてくれる人は少なかった。とりわけ郊外では、ほとんど聴衆がいないこともよくあった。他党からは「維新は終わった」との声も聞こえていた。

メディアは、私と橋下さんの発信力を比較した。記者からそんな質問を受けるたび、「橋下さんの真似はできないから、自分らしくやるだけだ」と答えた。やせ我慢でも、自分の信じた道を突き進むしかない。そんな強い信念で、私は街頭に立ち続けた。

結果、この参院選で7議席を獲得。非改選の5議席と合わせて単独で法案が出せる議席数を確保し、なんとか首の皮一枚つながったと思う。

維新はその翌年、再び日本維新の会に党名を変更。維新の国会議員はいま、衆院40人、参院21人の計61人で、自民党、立憲民主党に次ぐ第三党まで成長した。次の衆院選では野党第一党をめざし、政権交代もうかがえる政党になりつつある。私も含め30人で始まった地方議員も、23年4月の統一地方選では600人以上の議席獲得をめざせるようになった。

私と橋下さんがめざしたものは何か。

それは、明治維新から続く国家システムをより良く、現代の形につくり変えることだった。大阪府と大阪市の二重行政を排す都構想をめざしたのも、その一環だ。国政政党の維新は、本部を大阪に置き、国会議員と地方議員の立場を並列にした。自民党や立憲民主党などとは異なる、その新たな政党の形は、東京一極集中から地方分権をめざす我々の理想を具現化したものだった。

国会の運営では、各党の国会対策委員らが決める旧来の密室型の意思決定を批判してきた。与党と野党でただ対立するばかりの政策協議を、我々は「是々非々」で、良いものには賛成し、悪いものには強く反対してきた。国会議員もメディアも、永田町の慣習を打ち破る我々の振る舞いを受け入れられなかっただろう。数々の批判も受けたが、それでも私たちはぶれなかった。

私はこの春、党代表の馬場伸幸さん、地域政党・大阪維新の会代表の吉村洋文さんらに今後を託し、政界を去った。今年は私が政治家になってちょうど20年。その歩みは、長く、苦しい、喧嘩《けんか》の連続だった。

政治家の喧嘩力

目次

序　政治家20年、「喧嘩」の連続だった　1

第1章　「怒り」こそ政治家としての原動力

第2章　既成政党の維新包囲網を突破する

第3章

既得権益に挑み、成長を取り戻す

第4章 政治家の喧嘩力

第5章

政治家よ、とんがって理想を語れ！

装丁：斉藤よしのぶ

第1章

「怒り」こそ政治家としての原動力

「満足できる敗北」だった最後の喧嘩

２０２０年11月１日、大阪都構想の賛否を問う住民投票の投開票が実施された。結果は「反対」が「賛成」を上回り、私たち大阪維新の会が提起した都構想は否決された。２０１５年５月17日に行なわれた住民投票に続く、２度目の敗北だった。

２度目の住民投票は、投票総数１３７万５３１３票のうち、「反対」が69万２９９６票（得票率50・６％）、「賛成」が67万５８２９票（得票率49・４％）。その差は得票率でわずか１・２ポイントだった。

僅差《きんさ》とはいえ、負けは負けである。その夜、大阪市長の私は吉村洋文大阪府知事と共に「敗戦会見」に臨んだ。敗北について語る吉村知事は、目を潤ませて悲壮感を漂わせていた。

しかし、私はじつに晴れやかな心持ちだった。一つのけじめとして、大阪市長の任期満了をもって政界を引退すると表明したときも同じである。後悔は微塵《みじん》もなく、爽やかな達成感に笑みさえこぼれていた。実際、そのときの私を「終始穏やかな表情」と報じるメディアもあった。悔しさを隠していたわけでも、笑顔を取り繕っていたわけでもない。心の底から満足感を味わっていた。自分でも不思議に思うが、事実そうなのだ。

思えば2003年に大阪府議会議員になって以降、私は常に何かと「喧嘩」していた。政治家としての原動力は「怒り」だった。傍目《はため》には、怒りに駆られ、自己満足のために争っていると見えたかもしれない。べつに否定するつもりはない。ただ、私の求める自己満足は利己主義ではなかった。大義のない喧嘩をしたことは一度もない、と断言できる。

もちろん「喧嘩」である以上、勝つこともあれば負けることもある。私にとって、「大阪都構想」は政治家としての最後の大勝負だった。結果的には負けたが、「負け方」には満足している。それどころか、私の政治家人生の中で最も納得できる喧嘩だった、といってもよい。

なぜか。

住民投票では、報道各社が出口調査を実施していた。投票者の意見では、大阪府知事として、あるいは大阪市長として私と吉村さんが担ってきた行政の運営については都構想への賛成・反対を問わず、約7割の人が「満足している」と評価していたのだ。

つまり、我々が知事あるいは市長として行なってきたさまざまな施策については、多くの人が肯定的に受け止めている。私は「大阪市をなくして大阪府との二重行政を解消したほうが、大阪がもっと良くなる」と考えていた。住民は「大阪市をなくすことまでは必要ない」と考える人が若干、多かった。私は出口調査の結果をそう理解している。負けはしたが、我々の戦いは理解された。だから悔しさはなかったのだ。大阪都構想をめぐるこの戦いについては、章を改めて論じることにしたい。

満足できる敗北で喧嘩を終えたとき、政治家としての私を衝き動かしてきた怒りはもはや残っていなかった。引退の潮時だと思った。

情に厚い河内の人たちに囲まれて

私・松井一郎は最初の東京オリンピックが開催された1964年、大阪府八尾市に生まれた。日本が元気だった高度経済成長の真っただ中にあって、私が生まれ育った八尾市には、とくに元気な人たちが多かったように思う。

八尾市は大阪の中河内《なかかわち》地域に位置している。この中河内を含む河内地方一帯で使われている方言が河内弁である。一般的に「河内弁はきつい、ガラが悪い」というイメージを持つ人が多い。その印象が全国的に広まったのは、勝新太郎、田宮二郎出演の任侠映画『悪名《あくみょう》』

シリーズ（原作：今東光《こんとうこう》。第1作は1961年公開で、全16作制作された）の影響が大きかったのではないかと思う。ちなみに『悪名』シリーズで主演の勝新太郎が扮《ふん》した「八尾の朝吉」のモデルは、八尾の岩田浅吉という明治時代に実在した俠客《きょうかく》だ。

1976年には、『河内のオッサンの唄』（作詞・作曲・歌：ミス花子）という楽曲が発売され、累計で80万枚を売り上げている。年配の方ならご存知だろうか。

「オー良う来たのワレ／まあ上って行かんかい／ビールでも飲んで行かんかいワレ／久しぶりやんけワレ／何しとったんどワレ／早よ上らんけオンドレ／何さらしとんど」

河内弁全開の歌謡曲である。もっとも当時、近所のおっちゃんたちにいわせれば、

「おっかしのう、こんな歌。俺ら、こんな言葉使《つこ》とれへんのー。俺ら、もっと上品や」

「おいワレ、こんなもん抗議行かなあかんぞー」

だそうだ。だが、子供心に「おっちゃんたちのしゃべりのまんまやん」と思ったものである。

私が少年だった昭和40年代から50年代にかけて、八尾ではこのような河内弁が使われていた。部外者には怒っているように聞こえるかもしれないが、河内弁の持つ語感のキツさはむしろ親しさの表れだったのだと思う。どこの家に行っても「おう、よう来たのう」と歓迎さ

れた。私は隣近所の情に厚いおっちゃん、おばちゃんたちに囲まれて育ったのだ。

私の父親世代、現在80歳代以上の人たちが若かった頃には、同じ大阪人でも他地域の出身者には河内弁がよく聞き取れなかったといわれている。普通にしゃべっているだけなのだが、怒って喧嘩をしているように受け取られたそうだ。もっとも、最近の河内弁は洗練されてきて、ネイティブでなくても聞き取れるので、安心して河内を訪れていただきたい。

映画『悪名』の原作者である今東光は、直木賞を受賞した人気作家であるとともに、天台宗の僧侶でもあり、参議院議員を1期務めた政治家でもあった。彼は1951年から75年までの24年間、八尾市にある天台院の特命住職を務めている。この間、八尾市に住み、河内の歴史や文化、人々の暮らしを題材にした数々の作品を執筆した。彼の作品を読むと、情に厚い河内の人々の息遣いが感じられ、懐かしさを覚える。

大阪を離れ、ヤンキー漫画のモデル校？に編入

東京五輪の年に生まれた私は、もちろんオリンピックの記憶はない。6歳のときに開催された1970年の大阪万博には、3回ほど行った覚えがある。

高度経済成長期の当時、大阪の地盤沈下はまだ始まっていなかった。東京と大阪が日本経済の二大中枢として機能する、いわゆる「二眼レフ」構造が成り立っていた。当時、東日本から東京に、西日本から大阪に職を求めて多くの人が集まった。

そのような時代に、八尾の私の周りには元気で腕白な子供が多かったし、親たちの多くは子供たちを放任していた。私も、物心がついた頃に父にいわれたのは「曲がったことをするな」「妬むな」ぐらい。

いきおい、周りは私を含めてガキ大将だらけだった。大阪もいわゆるヤンキー文化の全盛期で、中学、高校にはツッパリがたくさんいたし、街にもヤンチャ小僧がたむろしていた。みんな河内で生まれ育った者ばかりで、幼い頃からの顔見知り。親や親戚たちも友人や知り合い同士で、噂になったら嫌なのでお互い喧嘩は控えよう、という空気が醸成されていた。

とはいえ、出会いがしらの衝突はたまに起こる。1980年、大阪工業大学付属高校2年のとき、私は喧嘩に巻き込まれてしまい、高校を退学する羽目になった。

さすがにショックだったが、父の言葉は、予想をはるかに超えていた。

「大阪を一度離れて、旅に出てこい。1人で生きてみい」

先述のように、父は子供のやることに口出ししなかった。だが、思い返せば十代後半から

「早く自立して、1人で生活できるようになれ」とは繰り返しいっていた。高校生の私に大阪を出て一人暮らしを命じたのも、自立を促す父なりの計らいだったのかもしれない。

こうして私は当時、父の知り合いだった笹川良一氏が理事を務める福岡工業大学附属高等学校（現・福岡工業大学附属城東高等学校）へ転校することになった。

父は大阪府議会議員だったが、若い頃は八尾市の職員をしており、公営競技である競艇の運営に携わっていたことがある。そのとき、いろいろなアイデアを出して売り上げ増に貢献し、それが認められて日本船舶振興会（現・日本財団）の会長だった笹川良一氏の知遇を得たのだ。

こうして17歳の私は、親戚も知り合いもいない福岡にただ1人、放り込まれた。しかも、私が編入した福岡工業大学附属高等学校は当時、大阪以上にヤンチャ小僧が多かった。一説では、ヤンキー青春漫画『ビー・バップ・ハイスクール』のモデル校の一つといわれている。ただし、それは1980年代の話。現在の福岡工業大学附属城東高等学校が優良校になっていることは強調しておきたい。

2年生ともなると、高校内のコミュニティが完全にできあがっている。向こうは全員博多弁で、こちらは1人河内弁、もう言葉からして違う。外から変なのが入ってきたと、みんな身構えていた。こちらも１人ツンツンしていたから、喧嘩を売られて当然である。

　毎日の勝負は「いかに無事に学校から寮まで帰れるか」。

　街に出ても学ラン姿のヤンキーたちがたむろしている。近所のスーパーに行くにも、散髪に行くにも、目を配り耳をすまして危ない連中とすれ違いながら、怪我《けが》をしないで寮に帰ることに腐心した。時に集団に絡まれ、やむなく中で一番強そうなヤツを一発ポカンとやって、そのまま逃げる。もちろん多勢に無勢で、怪我をさせられたこともあった。

　いまではこんな話、通じないだろう。高校生や中学生たちが学校で本気で拳を交えて喧嘩などしようものなら、すぐさまインターネットに動画が拡散し、ワイドショーのネタになってしまう。しかし私が中学生・高校生だった１９７０年代から80年代には、そういう喧嘩は日常茶飯事だった。怪我して家に帰っても、母親から「また喧嘩してきたん⁉　たいがいにしときや」と叱られて終わり。生徒に対する教師の体罰も、（少なくとも私の周囲では）珍しくはなかった。

　とにかく河内弁のツッパリ小僧にとって、福岡の高校生活はキツかった。

とんがるのをやめたら人間関係が広がった

転機は突然やってきた。私が福岡の高校に転校した1981年、一番下の弟が交通事故で亡くなったのだ。

ショックだった。父も母も意気消沈しており、とくに弱った母にこれ以上、心配をかけたくなかった。そう思うと急に、福岡で1人いちびっている場合ではないと気づいた。とたんに、とんがっていた自分がアホらしくなったのだ。

「俺はいままで何をちょけてたんかなあ」と（注：「いちびる」とは関西弁で「調子に乗ってはしゃぎ回る」こと、「ちょける」も似た意味で「ふざけ、騒ぐ」ことをいう）。

その日から、街で絡まれても「あ、わかりました。はい、どうぞ」という具合に道を譲れるようになった。まるで別人だ。

過去のとんがっていた自分は、単なる自己満足。子供がかっこつけていただけで、じつはかっこよくも何ともなかった。大事なのは、家族や周辺の人たちに心配をかけない生き方だと突如、気づいたのだ。

こちらが穏やかになると、友達になってくれる人が出てきた。とんがっていた頃は、無意識のうちに「福岡の友達なんかいらん」と、相手を排除していたのだろう。しかし、いきがるのをやめて、人生ちゃんとしようと考え始めると、不思議なことに私が纏《まと》っていた鎧やトゲトゲがとれた。全身が吸盤に変わったかのように友達ができ、人間関係が広がっていった。彼女もできた。いまの妻である。

周囲の私への対応も、たとえばそれまでの「なんばいいよっとか」が、「なんばしようと」になった。ほとんどニュアンスがわからないかもしれないが、とにかく様変わりしたのである（注：「なんばいいよっとか」＝攻撃的に「何いうてるんや」／「なんばしようと」＝フレンドリーに「何してる？」の意）。

人間関係が広がると、福岡はとても住みやすいところだった。私はそのまま福岡工業大学に進学し、1986年、同大学を卒業するまで福岡に住み続けた。

このように、私は腕力による喧嘩を高校生のときに卒業した。いまでは子供や孫にも、学校で腕力での喧嘩はするなといっている。ただ、当時のヤンチャな子供が成長していくなかで、勝つにしても負けるにしても、成長につながる何かを喧嘩から学んだのではないかとも思っている。

政治家になっても、多数派に対して1人で戦うことがよくあった。おかしなことがあれば、形勢がどんなに不利であっても、真正面から戦った。「こちらが逃げ出すと、相手は嵩《かさ》にかかって攻めてくる。理がこちらにあるなら、一歩も引かない」というのは、福岡時代に学んだことである。多少の怪我という痛い授業料は払ったが、私の人生にとって、あのキツい日々にも意味はあったと思っている。

府議会はバッジをつけた会員の馴れ合いサロン

大学卒業後、私は会社勤めを経て、25歳のときに家業の電気工事会社を継ぎ、ビジネスの世界に入った。先述のように大阪府議会議員だった父は、ことあるごとに「自立せい」といっていた。私は懸命に事業に取り組み、売り上げを伸ばした。政治家になるつもりはまったくなかった。

2002年、65歳の父が政治家を引退すると決断したとき、私はある程度、仕事の基盤を固めることができていた。ところが父は「おまえが仕事に就いて生活できるようになったのは、自分1人の力やない。世の中の人たちがサポートしてくれたから。今度は世のため、人のために働け」と言い出した。大阪で商売をやってきたのだから、大阪を良くしたいという思いがあるはずだ。なら1回、議員をやってみろ、と。

父は自民党の議員だった。自民党の政治家の多くは、市議会議員からスタートする。「次は府議会議員になりたい。そのあと国会議員になりたい」という人も多い。そのような思いで父の後釜に座ろうとしている自民党の議員たちを見ると、「この人たちより少しはマシな政治ができそうだ」と思い、覚悟を決めた。

私は2003年4月の大阪府議会議員選挙に、八尾市選挙区から自由民主党公認で立候補した。当時、地方議員の選挙で候補者が掲げる公約は「インフラの整備」や「住民サービスの向上」など、4年たっても達成したかどうかよくわからない抽象的なものばかりだった。若い候補者も稀《まれ》だった。

そんななか、39歳の私は財政の立て直しを訴えた。大阪の再生には「これしかない」と思ったからだ。ジリ貧状態の財政で、インフラの整備や住民サービスの拡充なんてできるわけはない。

結果、最下位の4番目でなんとか初当選を果たした。

ところが新人議員として議会に出席した私が目にしたのは、議員たちの信じられない馴れ合い、もたれ合いだった。その瞬間「何というところに来てしまったのか」と正直、うんざりした。

選挙で戦っているときの緊張感はまったく感じられない。自民党だろうが公明党、民主党だろうが同じ。大阪府議会は、バッジをつけた会員の馴れ合いサロンでしかなかった。ビジネスの世界でもがき苦しんできた身には、まったくの甘ちゃんの集まりで、いっさい馴染《なじ》めない場所だった。

私は選挙公約として大阪の財政再建を掲げ、その具体策の一つとして議員定数の削減を挙げていた。私は選挙区で最下位当選だったから、定数削減が実現すれば、次の選挙で私は負けるだろう。

実際、後援会からは「俺ら一生懸命応援して議席取ったのに、次おまえの議席がなくなるんやで」といわれた。

しかし、こんな議会など未練はない。

1期の新人だろうと3期、4期のベテランだろうとバッジの色に違いがあるわけでもなし、誰に遠慮することもなく、おかしいことはおかしいと主張して、自分の公約達成に努めようと決めた。

府知事選で自民党に造反して対立候補を応援

初当選の翌年、私は早くも自民党に反旗を翻すこととなった。２００４年の大阪府知事選挙で自民党が推薦した現職の太田房江さんではなく、元民主党参議院議員の江本孟紀《たけのり》さんを応援したのだ。

前回の２０００年大阪府知事選では、自民党本部は民主党や公明党、自由党などとともに太田房江さんを推薦したが、党本部の頭越しの決定に反発した自民党大阪府連は、独自に平岡龍人《たつと》さんを擁立していた。結果、自民党大阪府連は敗れ、太田房江知事が誕生したのだった。

もし太田知事が1期目に評価すべき実績を残したのであれば、２００４年の選挙で自民党大阪府連が太田さん支持に回ったとしても理屈は通る。しかしこの4年間に、大阪の状況はさらに悪化していた。当時、5年連続の赤字決算で、将来の借金返済に備えていた「減債基金」から借り入れる「赤字隠し」を続け、財政再建団体の一歩手前だった。大阪府政全体が停滞し、府民の生活はまったく良くなっていない。そのことは自民党府連の人たちもみんなわかっていた。

私が議員になったとき、「このままでは大阪は衰退の一途だ」と、自民党の先輩議員たちもいっていた。にもかかわらず、２００４年の選挙では公明党、民主党、社民党などと相乗りし、自民党大阪府連は党本部ともども太田さん支持に回ったのだ。

口では「大阪を元気にします。住みやすくします」といいながら、何もしない。このまま太田府政が続けば大阪が衰退すると知りながら、誰も戦おうとしない。一度負けた相手には逆らわない、ということだろうか。

大阪の自民党は完全に牙を抜かれていた。ひたすら選挙に勝つことだけを目標にして野合に走っていた。府民に対する背信・背任行為だ。私は、そのような野合・談合と戦うと決め、「エモやん」こと江本孟紀さんを応援した。

元々阪神タイガースの選手だったエモやんは知名度こそ高かったものの、やはり組織力が劣っていた。

結果は、太田さんの大勝だった。私は勝手に自民党に喧嘩を売って、完敗したのだった。

しかし負けるとわかっていても、やらなければならない喧嘩があるのだ。

もしこの喧嘩がなければ、当時の自民党の中に将来、維新の中核となるようなメンバーが集まることはなかったかもしれない。当時、府議会の若手9人が江本陣営で選挙運動を行なった。それは、自民党大阪府連から見れば造反行為であったが、我々にすれば、非は筋を曲げた府連の側にあった。何もやましいことはない。

敵陣営のポスター貼りに協力してくれた青年局長

とはいえ、人手不足だけは如何《いかん》ともし難かった。選挙では、告示日にポスターを貼り切れているかどうかが、陣営の力量を測る有力な材料となる。大阪府知事選では公営ポスターだけで1万3000枚印刷したが、それを告示日に貼り切る組織力は江本陣営になかった。かといって、1枚いくらで業者に依頼すれば何百万円もかかる。それだけの資金力もなかった。

そこで私が頼ったのが当時、堺市議で自民党大阪府連の青年局長だった馬場伸幸さん。青年局というのは、45歳までの政治家の組織だ。知事選や政令指定都市の首長選などの大きな選挙で運動を担っているのが青年局であり、その司令塔が馬場局長だった。太田候補のポスターを貼るのも青年局の役割である。

歳も近く（私が1つ上）、かねて親しくしていた馬場さんに私はもちかけた。

「馬場ちゃんもいまの太田府政については非常に批判的やったし、自民党府連が長いものに巻かれて相乗りを選択したことについては、馬場ちゃんもよしとはせんやろ。そやけど、組織の中で局長というポジションを占めてるから、正面切ってこっち側で戦えとはいわん。俺は戦うけど、馬場ちゃんがこっち側で正面から戦うと、府連の中でハレーションも起こるやろ。ただ、裏方でちょっと手伝うぐらいはええやろ。太田さんのポスターを貼るとき、隣に貼ってくれへんか」

「隣って何ですか？」

「公共掲示板の太田さんの横、くじ引きで決まった場所や」

「誰のを貼るんですか？」

「エモやんのポスター。同じ掲示板に1枚貼るのも2枚貼るのも、作業は大して変わらんやろ」

するると馬場さんは「同じ掲示板に2枚貼るって、初めてのことですよ」といいながらも、これを引き受けてくれた。

私は刷り上がった江本さんの公営のポスターを馬場事務所に持ち込んだ。馬場さんは太田候補のポスターが入った紙袋と江本候補のポスターが入った紙袋を運動員に渡して、両方貼るように指示を出してくれた。

自民党、公明党、民主党、社民党相乗りの太田陣営にとっては、余裕の選挙戦である。「江本陣営なんて、あんな人数でこんな大きな選挙支えられへん。ポスターも貼れへんぞ」というのが、大方の予測だった。ところが、告示日に我々は全部貼ってのけたのである。

これには太田陣営も驚いたようで、「あいつら、どないやって貼りよってん。業者雇いよったなぁ。松井が金払いよったんちゃうか」などと勝手なことをいっていたそうだが、私にそんな力はない。馬場局長の指示のもと、青年局の運動員がすべての掲示板で2枚のポスターを貼ってくれたというのが、真相だったのである。

じつは青年局の人たちも、私や馬場さんにシンパシーを持ってくれていた。みんな嫌々、太田陣営の運動を手伝っていたが、本当は江本陣営でワイワイやりたかったのだ。しかし、それをやると反党行為になる。私は反党行為といわれようと気にしないで行動していたが、彼らはそこまで表立って党の方針に逆らうのを躊躇《ためら》っていた。でも心の中で太田府政を代えたいと思っている人はたくさんいたのだ。

このことが府連の幹部に知られれば、造反組に協力した馬場さんの立場は悪くなったかもしれないが、結局バレずに済んだ。その頃から馬場さんとは一緒にやってきた仲間である。2009年の堺市長選挙など、その時々の立場で、お互いを理解しながらも、何度かぶつかり合ったことはあるが、個人的な恨みつらみは残っていない。全力でぶつかり合い、お互いにリスペクトできる存在だった。

だからこそ我々は2010年の大阪維新の会結成以来、共に戦うことができた。そしていま、日本維新の会代表で大阪維新の会副代表である馬場さんに後事を託した私は、心置きなく政界を去ることができた。

大阪府庁舎建て替え案を撤回させる

さらに私が自民党に対して強く反発したのが、大阪府庁舎の建て替え問題および移転問題である。

大阪城を望む大手前の大阪府庁舎本館は1925年（大正15）10月31日竣工で、現役の都道府県庁舎のなかで最も古い。それだけに耐震性の低さがかねてより問題となっていた。1991年（平成3）に東京都庁が丸の内から西新宿の新庁舎に移転したが、ヘンなところだけ東京都と張り合おうとする大阪府でも、庁舎建て替えの話が平成の初め頃から出ていた。

かつて財源が豊かだった頃に大阪府は、庁舎建て替え基金（正式名称：公共施設等整備基金）を設け、1981年（昭和56）から資金を積み立てていた。バブル景気の頃の積み立て額は1000億円ほどである。

ところがバブル崩壊後、平素の義務的経費だけでアップアップという危機的な財政状況に陥った。そこで積み立てた資金を取り崩していくうち、建て替え基金はすっかりなくなってしまった。当然、庁舎建て替えの話も立ち消えになる。

ところが太田知事2期目の2006年、建て替え議論が再燃した。推進派の職員は本庁舎の老朽化が著しいこと、耐震検査によって地震に対する脆弱《ぜいじゃく》性が指摘されたことを訴えて太田知事を説得、府議たちも呼応して、1000億円をかけて超高層の庁舎に建て替えるという案が出てきたのだ。

理事者にも議会にも「赤字だがこの際、建て替えるか」という空気が支配的だった。自民党府議団の執行部も、建て替え容認の立場だった。

しかし、私は納得できなかった。

党議員団の総会の場で「いまの大阪府に庁舎を建て替える体力なんてない。財政危機のなかで、府の職員や議員が使う施設の建設に1000億も投じるなんて、府民が納得するはずない。そんな金があるなら、府民のためになる施策に使うべき」と、1期生の身ながら徹底的に反対した。

自民党には私のほかにも少数ながら建て替え案に反対する議員がいて、我々は反対論を展開、最終的に自民党のベテラン府議を説得して、建て替え案を差し戻すことができた。2007年、新庁舎建て替えは正式に見送られた。本館を引き続き庁舎として使用し、耐震補強を施すことが決定した。このとき建て替えに反対した自民党の少数の府議は、のちに大阪維新の会に合流することになる。

大阪府は将来の庁舎建て替えに備えて、大手前の庁舎本館の南側に用地を取得していたのだが、建て替えの見送りで空いた用地には「大阪国際がんセンター」が、隣接した土地には、重粒子線を使った先進的ながん治療を行なう施設「大阪重粒子センター」が開設されている。

大阪国際がんセンターの前身は、1959年に森ノ宮に設立された大阪府立成人病センターである。同センターは数次にわたって施設の整備拡充を行なってきたが、創設から50年以上を経て施設の老朽化が進んだため、建て替えの必要に迫られていた。そこに庁舎建て替えが見送られたことで、大手前に確保していた用地を成人病センターの移転先として活用することになったのである。２０１７年３月、成人病センターは大手前に移転し、名称も大阪国際がんセンターに変更された。

最先端のがん治療を受けられるということで、大阪国際がんセンターには全国から患者さんが訪れ、いまや大阪府庁周辺は毎朝、交通渋滞が起きているほどである。高度な医療を求める患者さんの増加に伴い同センターの収入が増え、大阪府が公費で負担する分は格段に下がっている。

橋下府政の発足と府庁のＷＴＣビル移転案

２００７年４月の大阪府議会議員選挙で当選した私は２期目に入り、自民党府議団の政調会長に就任した。

翌年の大阪府知事選に、太田房江知事は３期目をめざして立候補する意欲を見せていた。だが政調会長として私は、２期にわたる太田府政の検証を行ない、府政が大阪にもたらした弊害から、党として太田さんを推薦すべきでないと主張した。さらに太田さんに金銭スキャンダルが発覚したことで、自民党は太田さんの不支持を表明、太田さんは出馬を断念した。

太田さんに代わって自民党が推薦したのが、あの橋下徹さんである。2008年1月27日に投開票が行なわれた大阪府知事選挙で、抜群の知名度を誇る橋下さんは50%を超える得票率で圧勝した。

大阪府庁舎の建て替え案は撤回されたものの、府庁舎の耐震性の問題は残されていた。この耐震問題について就任1年目の橋下知事が提示したのが、大阪市が大失敗した「大阪ワールドトレードセンタービルディング」（WTCビル：現・大阪府咲洲《さきしま》庁舎）の活用案である。

WTCビルは大阪市の第三セクターがバブル期に計画し、1995年に大阪市住之江区の南港（咲洲）に完成させた超高層ビルであるが、96年に大阪府の第三セクターが泉佐野市に完成させた「りんくうゲートタワービル」（GTB：SiSりんくうタワーに改名）とともにその後、相次いで経営破綻《はたん》した。大阪市と大阪府が競い合った挙げ句、共倒れとなった巨大開発は二重行政の弊害の典型といえる。

2008年8月、橋下知事は庁舎建て替え案、庁舎の耐震補強案に次ぐ第三の案として、このWTCビルへの府庁移転案を提案した。既存の施設があるのなら、利用すればいいというのは、ごく自然な考え方だった。WTCビルへの移転案は三案のなかで最も安価であっ

2008年、大阪府知事選挙の第一声（写真提供：時事）

た。私はＷＴＣビルへの移転案に賛成だった。

ところが、橋下知事の与党である自民党の中でも反対論が巻き起こった。なかには「府庁は江戸時代から大阪城の隣にあった」という魔訶《まか》不思議な意見もあった。もちろん嘘である。江戸時代の大坂東町奉行所のことをいっているのかもしれないが、当然ながら町奉行所は府庁ではない。明治以降も大正末年に大手前に移転するまで、府庁は大阪城の傍《そば》ではなく、西区の江之子島《えのこじま》にあった。

ただ当時、大阪市民のあいだでは「市役所は中之島、府庁は大手前」というイメージが定着しており、大手前というブランドに固執するベテラン議員は多かった。

「南港は不便だ」という反対論もあった。しかし中心部から少し離れているものの、南港も大阪市内であり、周辺の住人も多い。南港に移転して不便になる人もいれば、便利になる人もいる、というだけだろう。そもそも大阪府は市町村や特別区のような基礎自治体ではない。府庁を訪れるのは主として事業者で、一般の人の来庁は多くない。

要するに、反対意見の多くは感情論だった。我々はできるだけ合理的に反論するよう努めたが、自民党内は賛成派と反対派の大激論となった。自民党ばかりではなく、公明党や民主党も党内で意見は割れていた。

無記名投票で反対派は党議拘束破り

大阪府庁のＷＴＣビルへの移転の是非について、最後は自民党内で決をとらなければならない。今度は党内で多数派工作が始まった。私は賛成派をとりまとめ、多数決に臨んだ。当時、自民党府議は49人いたが、結果は賛成27、反対21、白票1。拮抗《きっこう》してはいたが、自民党議員団は橋下さんの移転案に賛成でまとまった。

大阪府庁の移転条例案は２００９年3月24日、府議会で採決に付されることとなった。地方公共団体の事務所の位置を定めた条例を改廃するには、議会で出席議員の3分の2以上の同意が必要である（地方自治法第4条第3項）。当時、大阪府議会の議員定数は112だったから、可決には75票以上が必要となる。

自民党の全員が賛成すれば49票となり、公明党、民主党の賛成派の票を合わせれば、可決の可能性もあると私は思っていた。

ところが移転反対派は、卑怯《ひきょう》な手段に出た。重要な議決だから無記名投票にすべき、と言い出したのである。当時、記名投票にするか無記名投票にするかは、無記名投票で決めるというのが府議会のルールだった（無記名投票のルールは同年中に変更）。

つまり重要な議案ほど、議員は自分の態度を明らかにしたがらないということだ。支持者にも賛否両論あるから、どちらにもいい顔をしたい議員は投票内容を知られたくない。議案に賛成の支持者には「賛成」といい、反対の支持者には「反対」といって恥じるところがない。

私は、重要な議案こそむしろ記名投票にすべきだと思う。無記名投票では、重要議案に対する議員の態度を有権者が判断しようがないからだ。だから「記名投票にするか無記名投票にするかを無記名投票で決める」という異常なルールをまず変えるべきだ、と主張した。だが結局、自民党内でも方針はまとまらず、無記名投票で採決することになった。

無記名投票というのは、白い紙に○か×を記入する。人に見せないように投票用紙を体で覆って、極小の文字で書いている議員がたくさんいた。

結果は、移転賛成がわずか46票だった。

私は愕然《がくぜん》とした。他党の賛成票を割り引いて考えると、自民党の相当数が無記名投票をいいことに、党議拘束を破って反対票を投じたということである。自民党の移転反対派は、他党の反対派と結託して、採決を無記名投票で行なうことを決めた。党内で民主的に決定したことを、議場で反故《ほご》にしたのだ。党内民主主義の否定である。またしても野合、談合、馴れ合い、もたれ合い。こんなおかしな政治はない。

私は大阪を変えたい、大阪を良くしたいと思って、政治家になった。だが、こんな人たちと一緒に政治をやっても、変えることなど無理。つくづく党の限界を思い知らされた。

無記名投票に負けた瞬間、私は自民党会派を出ると決めた。

第2章

既成政党の維新包囲網を突破する

6人で新会派「自由民主党・維新の会」を結成

２００９年４月、私は５人の仲間たちと府議会の自民党会派から独立して、新会派「自由民主党・維新の会」を立ち上げた（以下「自民党・維新の会」）。あえて会派名に「自由民主党」を冠したのは、大阪府庁のＷＴＣビル移転問題について「党内の多数決で勝ったのは我々であり、こちらこそ本当の自民党だ」という自負があったからである。

しかし、たかが６人の会派では府議会の中で存在感を発揮することは難しかった。当時の最大多数派だった自民党からは徹底的に排除された。自民党にとっては、共産党以上に我々は鬱陶《うっとう》しい存在だったのだ。

それでも自民党・維新の会は府庁移転案を潰した密室談合政治と戦った。密室談合政治の象徴といえるのが、「議会運営委員会理事会」である。地方公共団体の議会には議会を円滑に運営するための協議機関として「議会運営委員会」が置かれている。これは正式な機関であり、会議はオープンである。しかし「議会運営委員会理事会」という非公式の会も置かれていて、その会議で重要事項が話し合われているのが実情である。

大阪府議会では、非公式・非公開の議会運営委員会理事会で全員一致で承認されたものだけを議会運営委員会にかけるという暗黙の了解があった。我々はこの慣習を批判し、正式な議会運営委員会でオープンな議論をすべきだと主張した。

しかし既成の会派は「ああいう跳ねっ返りは、すぐに干上がるよ」という態度で、わずか6人の弱小会派を相手にしなかった。我々が自民党から出たことについて党のベテランたちは、「自民党が割れたんじゃない。ちょっと欠けただけや」と嘲《あざわら》っていた。

ところが、この非公式な議会運営委員会理事会の合意が正式な議会運営委員会での協議に優先するという悪《あ》しき慣例は、２０１０年の大阪維新の会結成後、終わらせることができた。議会運営委員会理事会での事前調整を廃止し、議会運営委員会での立ち座り（賛成は起立）で最終的な決定を下すことにしたのである。

もっとも、大阪維新の会は府議会で第一会派になったとはいえ、当初27人しかいなかったので、維新の提案は議会運営委員会にかけても、ことごとく反対多数で否決された。しかしオープンな会議において委員の立ち座りで決をとったため、誰が賛成で誰が反対か「見える化」できたのだった。議会運営委員会理事会はあくまでも任意の調整会議なので、維新の会は任意の申し合わせ事項に従わず、正規の議会運営委員会で議論すべきと主張し、議論の見える化を実現することができた。

我々は古い体質の密室野合政治を終わらせようと、水面下で自民党に残る考えの近い議員たちに声をかけて、仲間を増やしていくことにした。表立って自民党の若手に接触していることが執行部に知られると、締め付けや巻き返しが懸念されたからである。

政治家というのは選挙を避けて通れない身である。だから自民党を出るという行動は当然、勇気がいる。２００９年４月といえば、２００７年４月の府議会議員選挙から２年を経た折り返しの時期である。「自民党を飛び出した若手が、次の２０１１年の選挙に勝てるはずがない」。これがベテラン議員たちの総意だった。「あいつら、エッジ利かせてものいうてるけど、選挙に通らんかったら身も蓋もない」「次はもうない」など、散々ないわれようだった。

堺市長選挙で橋下知事と共闘

馴れ合い政治にどっぷり浸《つ》かっていた大阪の既成政党を、何としてもひっくり返したい。そこでまず我々が「喧嘩を売った」のが、２００９年９月の堺市長選挙だった。

3選をめざす現職の木原敬介さんは、自民・公明・民主の推薦・支援を得て磐石の態勢。この当選がほぼ確実視されていた木原さんの対抗馬として名乗りを上げたのが当時、大阪府の政策企画部長だった竹山修身《おさみ》さんである。竹山さんは橋下知事の改革支持を表明して、橋下さんの応援をとりつけて立候補した。

じつは現職の木原市長と橋下知事のあいだには、以前から確執があった。2008年1月の府知事選挙に勝った橋下さんは、2月の就任早々、前任の太田知事時代に編成された骨格予算を一から見直した。08年度当初予算案を7月末までの暫定予算案にして、市町村への補助金もいったん停止。4月には橋下さん直轄の改革プロジェクトチームが総額1100億円の歳出削減をめざす財政再建案を発表し、市町村への補助金も当初予定されていた357億円が、削減案では79億円カットされることになった。

これに府下43市町村長が大反発。その後、府庁で行なわれた43市町村長（堺市と高槻市は代理出席）との意見交換会では「弱い者いじめだ」「ルール違反だ」「血も涙もない」と厳しい声が次々と橋下さんに浴びせられた。「すでに当初予算を施行している。いまさら削減といわれても協力できない。改革を進めるなら、今年度は当初のままとして、来年度予算案の編成に向けて市町村の意見を聞きながら行なうべきだ」というのが、市町村長たちの主張だった。

対する橋下さんは、最初は「住民に我慢をお願いするのも政治家の使命。この案を白紙にしない」と強気に出たのち、最後にはテレビカメラの前で涙を流しながら「大阪を立ち直らせたい。いま一度ご協力のほど、よろしくお願いします」と頭を下げた。喧嘩上手である。

現場にいた首長からは「あそこで泣かれたら、我々が悪者にされる」「泣きたいのはこっちだ」といった苦情が漏れ、報道を見た視聴者からは「テレビカメラを意識したウソ泣き」という声も囁《ささや》かれた。

ウソ泣きだったかどうかはさておき、補助金カットは実現することになった。同時に、橋下さんは府下の市町村長すべてを敵に回すことになる。橋下さんが提案した府庁のＷＴＣビル移転案にも、木原堺市長は強く反対した。橋下さんとしても木原さんに思うところがあり、両者にわだかまりが残っていた。

堺市長選の少し前、橋下さんから候補について、「誰かいい人、いないですかね」と尋ねられた。堺市議会議員の馬場伸幸さんの名が浮かんだので、後日、彼に当たってみることにした。馬場さんとは私が自民党会派を飛び出すまで、自民党青年局で一緒に活動していた。「馬場ちゃん、覚悟を決めて出たらどうや」と誘ってみたが、当時の馬場市会議員から見た木原市長の3選は揺るぎなく、「いくら松井議員がいっても、そんなことにはなりません」と出馬を断られた。

「木原さんは橋下さんといろいろ意見が違うけど、堺では結構信頼が厚いですよ」というのが、馬場さんの認識だった。さらに馬場さんは、堺市議会議員のなかですでにベテランのポジションにあって、議会のまとめ役になっていた。いまさら自民党に造反して市長選に出馬する気は皆無だった。

「橋下さんがやるというから、しゃあない」ので木原さんの対立候補を応援するつもりだ、と伝えると、馬場さんは木原さんが負けると思っていないから「まあ、適当にやっといてください」と余裕を見せていた。

そんなときに橋下さんに自らを売り込んだのが竹山修身さんで、橋下さんは彼を応援することにした。もっとも当時、橋下さんは竹山さんのことをよく知らなかったようである。

橋下さんという人は、弓を射られたら刀で斬り返さなければ辛抱できないところがある。一つやられたら「倍返し」どころか、百倍返しせずにはいられない。そんな性分なのだ。まして当時の彼は、30代と若かった。竹山さんを擁立すると決めた以上、全面的なバックアップをすると決意したに違いない。

橋下さんの支持を得たものの、無名の新人である竹山さんに選挙を戦うための組織は何もなかった。橋下さんに「松井さん、竹山さんはやるっていってます。なんとか選挙になるよう、維新の会で力を貸してあげてください」といわれ、自民党・維新の会の我々6人が選挙戦を担うことになった。

負け方が大事な喧嘩もある

我々6人はいままで何度も選挙を経験してきており、戦い方を心得ていた。その経験を生かしながら、我々は竹山さんの選挙を支えた。

たとえば、橋下さんが応援に来ると、驚くほど人が集まる。だが、それだけでは票につながらない。橋下さんの集客力を地道に票に結びつける作業が大事である。集まった人たち一人一人にビラを渡し、家まで持って帰ってもらう。集まった人たちの口コミによる拡散をお願いし、彼らの知人・友人(もちろん堺市の有権者)に電話をかけてもらう。竹山さんの名前を覚えてもらう。

選挙では当たり前のことであるが、竹山さんの周囲にはこのような基本を知る人がいない。そこで我々が具体的な戦い方をレクチャーして指示を出し、人を動かした。

２００９年の堺市長選挙は9月13日告示で、27日が投票日だったが、直前に国政で大事件が起こっていた。政権交代である。8月30日投票の衆議院議員総選挙で鳩山由紀夫代表率いる民主党が麻生太郎総裁率いる自民党に大勝して、政権交代が実現、鳩山民主党政権が誕生したのだ。

ところが、9月の堺市長選挙では、現職を自民・公明・民主が推薦・支援していた。つい2、3週間前に政権を奪った民主党と奪われた自民党が、今度は相乗りで同じ候補を応援している。これほどおかしな相乗りはない——我々はこの点を徹底的に叩くことにした。

「先月の総選挙であれほど政策の違いを強調していたのに、政権取った瞬間に自民党と相乗りですか?」と、橋下さんも私も街頭で民主批判を口にし続けた。橋下さんはとくに発信力があるから、次から次へと大勢の人が集まってくる。

橋下さんが独演会を始め、ところどころで私が「いや、これ、おかしいでしょう」とか「自公民相乗りなんて、何もせえへんいうことですよ」とか合いの手を入れる。あるいは「竹山修身って聞いたことない名前だと思いますが、これまで大阪府で橋下さんの下で頑張ってきた人ですよ」などと、具体的な説明を加える。橋下さんが来れば、街頭での活動はいつも大盛況だった。

とはいえ、木原陣営は磐石である。現職の強みに加えて、自公民相乗りはやはり脅威である。とくに政権を取ったばかりの民主党は、人気の絶頂期だった。市内の各種団体も木原さんに推薦を出している。そしてその木原陣営の選対を取り仕切っているのが、我が畏友の馬場伸幸さんである。正直、この戦いは厳しいと思っていた。

だからこの喧嘩では、私は「負け方」を考えていた。6人でスタートした自民党・維新の会を将来につなげるうえで、惨敗だけは避けなければならない。橋下さんを全面的に出して大負けすれば、自民党・維新の会の存在感は無きに等しくなる。おそらく我々に「次」はないだろう。そうならないためには、何としても僅差の負けにまでもっていく必要があった。「あの磐石の現職相手に、よくぞそこまで追い詰めたな」といわれる、そういう負け方が必要だった。負け方が大事な喧嘩もあるのだ。

「橋下徹選挙不敗神話」の始まり

2009年9月には、投票日直前の週に大型連休（シルバーウィーク）があった。選挙期間中ではあったが、橋下さんも私も、家族と過ごしたりリフレッシュしたりするときが必要だということで、休みを取る予定だった。

ところが連休前にマスコミ各社の世論調査が発表され、竹山さんが木原さんと横並びになっていることが判明したのである。「ほんならこの際、休み返上で最後までやろか」と、橋下さんと私は予定を変更し、シルバーウィーク中も全精力を選挙に投入することにした。たしか、ミナミの焼き鳥屋での決定だった。

政令市の市長選など大きな自治体の首長選では、一つのうねりが起こると、見る見るその波が大きくなっていくことがある。このときがそうだった。最終週の初めには横並びだった形勢が、水曜、木曜、金曜と竹山さんの支持率が上がり、木原さんは下がっていく。雪だるま式に支持が拡大したのだ。

近年、大きな選挙の世論調査は精度がどんどん上がっており、投票日前日、土曜日の昼頃にはだいたい結果が見えてくる。我々は優位に立っていた。

象徴的なのは選挙戦最終日、橋下さんが泉北ニュータウンで演説をすると、多くの人たちが団地の部屋の窓を開けて話を聞いてくれていた。

街宣車の前に集まってくる有権者は、だいたい最初から支持を決めている人である。無党派層は終盤になっても悩んでいる人が多いが、彼らはわざわざ演説会場まで足を運ぶことまではしない。

かといって無党派は無関心ではない。橋下さんの演説に関心を持ち、自宅の窓を開けて演説を聞く人たちは、最後の判断材料を見つけようとしているのだ。窓辺に立つ多くの人影を見たとき、形勢逆転を実感した。

同じ選挙戦最終日に、相手の木原陣営は堺東駅前で最後の演説会を開いた。各党、各種団体が動員をかけて集めた1000人規模の聴衆を前に、木原陣営は戦国時代に「織田信長が攻めてきた！　堺を守れ！」といわんばかりの勢いで、「橋下が攻めてきた！　こんなやつに負けたらあかん！　堺を守れ！」と気勢を上げていた。

木原陣営の演説会の終了後、同じ場所で我々の陣営も演説会を開くことになっていた。向こうは「もう終わったから帰ってください」と動員した人たちを帰らせようとした。

ところが、動員でがんじがらめの人以外、ほとんど帰ろうとしない。

「このあと橋下さんが来るから、聞いていこう」。じつに半分以上がその場に残っていた。橋下さん目当てで駆け付けた人が加わり、動員をかけていないのに、相手陣営より多くの聴衆が集まってしまった。

　こうして竹山陣営の演説会が始まると、話しているのはもっぱら橋下さん１人。元役人の竹山さんは演説に不慣れで、「橋下さんと一緒に改革を」「橋下改革を堺で実現する」といった内容を言葉少なに語っただけだった。あとは橋下さんの一人舞台である。知事として１年半やってきたことなどを滔々《とうとう》と語り、膨れ上がった聴衆を最後まで惹《ひ》きつけていた。やはり異能の人というべきだろう。

　最後に私がマイクを持って「名前、間違わないでくださいよ。橋下って書いちゃダメですよ。竹山修身って書くんですよ」と聴衆に注意を促し、最後の演説会は終了。勝利を確信した。

　街宣車を降りて、橋下さんと引き揚げようと駅前のロータリーを歩いていると、バス停に座っていた３人組の１人が鬼の形相でこちらに近寄ってくる。

「なんでそこまでやるんですか？」

　馬場伸幸さんだった。残る２人は遠藤敬（現・衆議院議員、日本維新の会国会対策委員長）さんと西林克敏（現・大阪府議会議員〈大阪維新の会〉、当時は堺市議会議員〈自民党〉）さんである。

「僕ら、なんか悪いことしたんですか？」

「悪いことって……僕らは堺のために市長を代えようとしただけや」

「なんでここまでやられなあきまへんの？」

「ここまでって、やってるうちにこうなったんや。だから最初に馬場ちゃんに、やったらって声かけたやんか」

「あんなときに声かけられても、やるわけありません！」

馬場さんは本気で怒っていた。まあ、怒って当然だろう。この堺市長選挙は馬場さんとのあいだに、しばらくしこりを残すことになった。

翌9月27日に投票が行なわれた堺市長選挙は、即日開票の結果は、橋下さんがバックアップした竹山さんが現職の木原さんに圧勝して初当選を果たした。選挙戦最終日に確信したとおりの結果であったが、選挙前の状況から見れば「まさかの勝利」だった。ここから橋下さんの「選挙不敗神話」が始まることになる。

そして先回りしていえば、この不敗神話を止めるのが、大阪都構想に反対して橋下さんと袂《たもと》を分かつ竹山さんである。2013年9月の堺市長選挙では、竹山さんが大阪維新の会の候補者を破り再選を果たすことになる。

クリスマスの盟約

２００９年４月に自民党・維新の会を立ち上げる際、私は翌年４月に新しい地域政党を発足させて２０１１年４月の統一地方選挙で勝負をかけたいと、橋下さんに伝えていた。橋下さんからは、「ぜひやってください」と励まされ、我々は徹底的に改革しようと意気投合した。

そして２００９年12月25日、クリスマスの夜、私は橋下徹さんと浅田均さんを忘年会に誘った。

浅田さんは自民党大阪府議団の幹事長を務めていたが、その年の10月、自民党を離脱して５人からなる新会派「自由民主党・ローカルパーティー」を結成していた。浅田さんは京都大学卒業後、米国のスタンフォード大学大学院修士課程を修了し、経済協力開発機構に勤務経験もある国際派で、政策通として知られている。

私は忘年会の席上、大阪府と大阪市の二重行政の弊害、「府市合わせ（不幸せ）」と長年揶《や》揄《ゆ》されてきた問題を大阪都構想で解決しようと提案した。

大阪で政治をやった人なら誰しも、大阪府と大阪市の二重行政の弊害を理解している。そしてこの二重行政を見直すべきだという総論にはみんな賛成している。しかし各論については、「ゆっくり話し合おう」ということを50年以上やってきた。各論に踏み込むと、既得権益を失う人が出てくる。だから「慎重に議論すべき」という話になってしまう。この、総論で一致しつつ各論の議論を先延ばしにしてきた二重行政の問題を「ワン大阪」で解決しよう、という提案だった。

これに浅田さんも橋下さんも乗ってくれた。自分が次の選挙で負けるかもしれないのに、大阪を良くするために皆、本気で戦おうとしている。ならばこの際、二重行政の問題を解決する都構想の実現をめざす集団をつくろう、と話がまとまった。橋下さんをトップとする地域政党「大阪維新の会」の結成が決まった瞬間である。

畏友と維新で合流

新党の立ち上げを決めた2009年の暮れ、私にはもう一つ解決しておきたい宿題があった。畏友・馬場伸幸さんとの関係修復である。政治の世界での経験が豊富で、いろいろな意味で頼りになる馬場さんは、新しくつくる大阪維新の会に必要な存在である。しかし、先ほど記した９月の堺市長選挙以来、我々のあいだにヒビが入ったとまではいわないが、関係がぎくしゃくしていたのは間違いない。

それまでは電話で「馬場ちゃん、飯行こか」と誘うと「うん、いいですよ。いつにします？」と、気軽に会っていた。ところが市長選挙以降、こちらが電話をしても、なかなか出ない。10回コールしても出ない。

こちらも意地になってコールを続けると、ようやく出てきて、ふてくされた声で「なんですか？」。

「なんですかって、まあええがな。飯でも行こうや」と誘うと、「なんで行かなあきませんの？」とにべもない。

「なんで行かなって、もう年末やし、ちょっと美味《おい》しいフグでもどうや」といっても、「用事は何ですか？」と、木で鼻をくくった返事。

「用事も何も、別に飯ぐらいええやないか。俺がちょっと美味しいフグご馳走《ちそう》したいだけやねん」とさらに誘うと、「いや、まあよぉ考えときます」といった具合で結局、３回断られた。

それでも私がしつこく電話をかけたものだから、「飯だけやったらいいですよ」と、ようやく会うことができた。

フグ鍋をつつきながら、私は馬場さんにいった。

「馬場ちゃん、この大阪をなんとかせんとあかんという思いは一緒やろ。大阪を変えることも、日本の政治をもうちょっとまともな形にすることも、自民党ではできへんがな」

当時の自民党の歪《ゆが》みを馬場さん自身、よくわかっていたと思う。外務大臣も務められた中山太郎先生の秘書を経て堺市議会議員となった馬場さんは当時すでに5期目に入っており、国会議員になるべきだ、という話が以前から党の若手を中心に上がっていた。

しかし馬場さんの地元選挙区（大阪17区）の公認候補に自民党本部が据えたのは、元大蔵官僚の岡下昌浩さんだった。彼が衆院選に当選しないまま亡くなると、次に党本部が公認したのは、奥さんの岡下信子さんだった。世襲どころか、家の中で夫から妻に地盤と公認が引き継がれたわけである。

市議会議員を長く務め、政治経験の豊富な馬場さんではなく、政治経験皆無の官僚の奥さんを国会に送り込もうとする――自民党の本部と大阪府連の力関係で、こんなことを平気で行なう自民党に留《とど》まっていても、大阪を変えることなどできない。

「結果はどうなるかわからんけど、一回、橋下さんと僕と一緒にやろうや」と、馬場さんを口説いた。もちろん即答できる話ではない。「松井さんの思いはよぉわかりました。考えます」ということで、その日は別れた。

年が明けて、いよいよ大阪維新の会の立ち上げが近づいたとき、馬場さんに改めて「どうや？」と尋ねると、「もう、松井さんについていったらいいんでしょ」と答えてくれた。すっかり腹をくくったようで「どうなるかわからんけど、あかんかったら政治家辞めてコックに戻ります」という。馬場さんは若い頃、ファミリーレストランの運営会社に勤めていたことがあり、調理師免許を取っていた。

幸い、馬場さんは２０１１年に堺市議選で６度目の当選を果たすと、翌年には国政に転じて、12年、14年、17年、21年の衆議院選挙で連続当選を果たしており、コックに戻る予定は当面なさそうである。

ちなみに馬場さんは、12年の衆院選では大阪17区で自民党の元職・岡下信子さんを破り、14年、17年、21年の衆院選では母親から地盤を引き継いだ自民党の岡下昌平候補に3連勝している（岡下昌平さんは14年と17年の選挙では比例復活したが、21年には比例復活もならず、議席を失った）。

初陣は大阪市議の補欠選挙

大阪維新の会が正式に発足したのは、2010年4月19日である。代表は発信力があって党のシンボルとなり、皆がついていける橋下さんしかいない、ということで決定。メンバーを取りまとめ、議会運営を仕切る幹事長には、私が就任することになった。

当時の府議会や市議会には、自民党にも民主党にも、大阪の閉塞状況をなんとかしなければいけないと感じる人たちがいた。私は2009年から彼ら一人一人と話し合い、仲間を集めていた。結果として、大阪府議24人、大阪市議1人、堺市議5人が大阪維新の会立ち上げに参加することになった。

しかし、新党の発足から翌2011年4月の大阪府議会議員選挙で過半数の議席を獲得するまで、大阪維新の会は少数与党のままだった。自民・公明・民主・共産すべてが反維新だったため、議案一つ通すのも一苦労である。議会で一度否決された議案を、どうしても可決する必要がある場合は再議に付したが、それでも再び否決されることもあった。

厳しい議会運営を強《し》いられるなか、発足から1カ月後に最初の試練を経験することになる。2010年5月、福島区で行なわれた大阪市議会議員補欠選挙である。大阪維新の会の初陣であり、この補選に負けると新党の立ち上げ自体が失敗に終わる恐れがある。代表の橋下さんの影響力は著しく低下してしまうだろう。

当時、橋下さんはすでに大阪府と大阪市の二重行政を解消するため、大阪都構想の実現をめざすことを発表していた。詳細は未定ながら、大阪市と堺市の政令指定都市を解消して特別区に再編するという構想である。既成政党は当然、大阪市役所をなくそうとする維新を何としても大阪市議会から排除したい。補選での維新への風当たりは相当にきついものだった。

この補選は、共産党の市議が参院選に出馬するため辞職したことに伴う戦いだった。1議席に大阪維新のほか、自民、民主、共産、諸派の5人が立候補。中でも有力視されていたのが、自民党公認の太田晶也《まさや》さんである。自民党の重鎮・太田勝義さんの長男で、父親の勝義さんは同じ選挙区選出の現役の市議である。息子が補選で当選すれば、次の選挙に父親は出ないで引退するという。だが晶也さんが当選すれば、一時的にせよ親子が同時に市議を務めることになる。

太田勝義さんが自民党の有力市議で派閥の領袖でもあることから、「太田」という名前のブランド力は高く、後援会などの地元組織も磐石だった。さらに公明党も応援していた。

一方、大阪維新の会の候補は、広田和美さんというまったく無名の女性であった。福島区ともあまり縁のない新人である。9日間の選挙期間中、橋下さんや私をはじめ、維新所属の議員たちは仕事が終わると毎日福島区に出かけ、隅から隅までチラシを配り歩いた。

福島区というのは面積が5平方キロメートルにも満たない狭いエリアで、近所付き合いが密な土地柄だったため、新しくできたばかりの政党の無名の候補には厳しい選挙だった。それでも私たちはエリア内を歩いて、会う人会う人にチラシを渡し、「広田和美といいます。橋下徹さんと大阪を変えようと、大阪維新の会で頑張っています」といって回った。

「ああ、橋下さんね」と、ここでも相変わらず橋下さんの知名度は抜群であった。「大阪維新の会」という政党名が選挙で使われるのは、そのときが初めてだったが、選挙期間を通じて次第に浸透していったように思う。

我々は自民党候補について、「親子で市会議員はおかしいでしょ」という点を作戦として訴えた。対する太田氏側は、親子でがっちりタッグを組んで対抗してきた。我々が橋下さんを中心に選挙区を練り歩いていると、向こうは街宣車を息子さんが運転し、横にはマイクを握った父親が座ってついてくる。

我々が町の人たちにチラシを配りながら話しかけていると、後ろに街宣車を停《と》めて「皆さん、橋下さんを信用したらダメですよ」「維新は出て行け」とやり始める。狭いエリアだから、我々がどこを歩いているか、すぐに知られてしまう。たちまち街宣車が寄ってくる。我々が車が通れない高架下をくぐって逃げると、向こうは勝手知ったる地元だけあって、道路事情を熟知している。次の表通りでビラを配っていると、迂回《うかい》してきた街宣車が近づいてくる。後にも先にも、あれほど身の危険を覚えた選挙はない。

投開票日は困ったことに、土砂降りの雨だった。ガチガチの自民党支持者や公明党組織の人、共産党の支持者は、雨が降ろうが槍が降ろうが投票に行く。だが、維新は無党派頼りである。言葉を換えれば、橋下さんがよく口にする「ふわっとした民意」しか、維新が頼れるものはなかった。

悪天候のなか、無党派層が外出してまで維新に投票してくれるのか、我々は「ふわっとした民意」を掬《すく》えているのか、心もとなかった。

実際、「選挙に行ってくれましたか」と電話で何人かに確認すると、「この雨やから、今日は行かれへん」という人が多い。「こんな雨の中で出掛けたら私、こけるがな」という高齢者もいた。

「この選挙、負けたかもしれない」。そう思うと、食事もろくに喉を通らなかった。夜、寿命が縮む思いで、私は選挙事務所で開票結果を待っていた。

その頃、橋下さんは松山市長の中村時広（現・愛媛県知事）さんと愛媛の有名な割烹店で美酒美食を堪能し、ベロベロに酔っていた。選挙期間中、中村市長は親交のある橋下さんの応援に駆けつけてくれていた。

やがて開票結果が知らされる。2位とはダブルスコアとまではいかないが、それに近い大差をつけて、維新・広田さんの圧勝だった。ちなみに2位が共産党候補で、自民党候補は3位に終わって親子市議は実現せず、民主党候補が4位だった。

愛媛の橋下さんに報告すると、「ええっ、ほんとに勝ったんですかー？」と能天気な声を上げていた。彼だけは「ふわっとした民意」が維新に力を貸してくれると信じていたのだろうか。

2010年7月には、参院選と同日の投開票で、生野区の大阪市会議員補欠選挙が実施され、ここでも大阪維新の会の新人が圧勝。

この補選2連勝で潮目が変わった。動機の不純さは否めないが、翌2011年の統一地方選挙を睨《にら》んで、大阪市議会でも大阪維新の会に参加する議員が増えた。維新の選挙での強さは、他党の議員には脅威となったのだろう。

逆にいえば、もし初陣の福島で負けていたら、このような流れは起きず、大阪維新の会はその後、立ち枯れしていたかもしれない。

2011年の統一地方選で圧勝

2010年の二つの補選が大阪維新の会にとって大きな意味を持っていたのは事実であるが、あくまでも前哨戦《ぜんしょうせん》であり、維新の初めての大規模な選挙となったのは、2011年4月の統一地方選挙だった。

選挙にあたって、大阪維新の会は大阪都構想という二重行政を解消するための体制改革を次の4年でやり遂げる、との公約を掲げた。このような明確な公約を掲げた選挙はほとんど前例がなく、おそらく地方議会では初めてだったのではないか。

日本では、国政は国民が直接選挙で選んだ議員で構成される議会が首相を指名し、その首相が内閣を組織する「議院内閣制」をとっている。一方、地方自治体では、首長と地方議員の両方を住民が直接選挙で選ぶ「二元代表制」をとっている。

首長と議会はよく車の両輪に喩《たと》えられる。つまり、有権者の代表である首長と、同じく有権者の代表である議会が車の両輪として、対等な立場で自治体を運営するのが二元代表制である。その二元代表制のもとで首長が政党を率いたのは、大阪府知事の橋下さんが日本で初めてだった。

この体制について、維新に反対する人たちからは、「知事が政党のトップというのは、二元代表制の奇形だ」と批判された。要するに、「知事が政党のトップになり、その政党が議会で主導権を握れば、知事と議会は対等な関係ではなくなり、互いのチェック機能が働かなくなる。車の両輪であるべき関係が、一輪車になってしまう」という批判である。

しかし我々は、「トップが知事だろうが議員だろうが、政策を実現させるための集団は政党である」と真っ向から反論した。

２０１１年4月の統一地方選挙で、大阪都構想の実現を掲げた大阪維新の会は、私が想像していた以上の支持を府民・市民からいただくことができた。

大阪府議会議員選挙では、定数１０９のうち57議席を獲得した。大阪府議会において、選挙で過半数を獲得したのは、このときが初めてだった。一方、大阪市議会議員選挙では、定数86のうち33議席を獲得して、圧倒的な第一党に躍り出た。

これで府知事を大阪維新の会の代表である橋下さんが務め、府議会を大阪維新の会が過半数を占める体制が整ったわけである。維新の反対勢力が「二元代表制の奇形」と批判した体制であるが、民意に基づいた政策を実現するために最も力を発揮できる体制だと私は理解している。

我々はさっそく、改革に乗り出すことにした。

府議会で議員定数の大幅削減を断行

大阪維新の会が府議会でまず取り組んだのが、公約の一つだった議員定数の削減である。もちろん、大阪維新の会は全力で二重行政の解消に取り組んでいくが、都構想を実現するためにはいくつものプロセスを経る必要がある。それに対して、議員定数の削減は、議会で単独過半数を獲得した以上、すぐにも実行に移せる公約である。

議員定数の削減というのは、これまでも全国各地の地方議会で選挙のたびに、さまざまな政党が掲げてきた公約である。日本の議会は国会も地方議会も議員の数が多すぎることや、年収ほか議員の待遇が良すぎることに国民が不満を抱いているからだ。議員定数の削減という公約は、有権者の受けがよい。

ところが、いったん当選すると、公約を掲げた議員たちは「議員定数の削減は民主主義の根幹にかかわる問題だから、しっかり話し合って、全会派一致で進めるべき」と言い出すのだ。

しかし、すべての会派が削減賛成で一致するわけがない。「議員数が減ると、住民の多様な声が議会に届きにくくなる」といった意見が、共産党などから必ず出てくるからである。大阪府議会でも20年間、話し合ってきたのだが、各会派の党利党略によって合意を見ることなく、毎回、時間切れで削減案は廃案となってきた。

２０１１年の府議会議員選挙にあたって大阪維新の会が掲げた公約は、議員定数を１０９から88に、21議席削減するというものだった。「人口10万人当たり議員１人」が適切として、人口８８０万人の大阪府の議員定数を88にしようという削減案である。

選挙直後の５月定例府議会で維新はこの削減案を提案、自民・公明・民主・共産の各党が猛反発するなか、６月４日には条例改正案が賛成多数で可決・成立した。

当時、反対派は「こんなことをすれば、府民の声が届きにくくなって、大阪府の信頼が地に堕《お》ちる」などと、維新を激しく批判していた。私はその後、大阪府知事・大阪市長を務めたが、「私たちの声が届きにくくなった」というお叱りを、府民の方からいただいたことは一切ない。聞こえてくるのは、もっぱら共産党議員の非難である。

維新が過半数を取った選挙の翌月、早くも議員定数削減に乗り出した理由として、じつは「身内対策」もあった。議員の立場に居心地の良さを覚えるようになると、自分のポジションを奪う可能性のある定数削減に躊躇《ちゅうちょ》する議員が出てくる恐れがあるからだ。ゆっくり話し合いを続けていると、外部からいろいろな意見が入ってくる。保身のためにもっともらしい意見をいう人が出てこないとも限らない。

しかし、4月に当選した維新の議員は、多くが初当選の新人。使命感に燃えていた。彼らの思いが燃え盛っているあいだに定数削減案を出し、一挙に成立させたわけである。

議員定数の大幅削減という「身を切る改革」は、維新の改革への覚悟を示すものだった。2022年2月には、維新に自民・公明を加えた3会派が共同提案した議員定数をさらに88から79に9議席削減する改正条例が賛成多数で可決、成立した。現在も身を切る改革は続いている。

「身を切る改革」のルーツ

大阪維新の会の「身を切る改革」には、前史がある。2008年、私は自民党の政調会長として、府知事選への出馬を決めた橋下さんと選挙前に政策協議の場を持った。当時、大阪府は財政破綻の寸前で財政再建が急務だった。そのためには固定経費を削らざるを得ず、職員の報酬カットは避けられない。しかし職員に報酬カットを求めるなら、そういう予算を編成しチェックする政治家側がまず、自らの報酬をカットしなければ説得力に欠ける。だから私が最初に橋下さんにお願いしたのは、「知事の報酬の2割カット、退職金の5割カットを公約に入れてください」ということだった。

じつは同様のことを太田房江知事にいったことがあるのだが、聞く耳持たずで完全にスルーされてしまった。しかし橋下さんは「やりましょう」と応じてくれた。しかも「退職金5割カットはそれでいいけど、報酬の2割カットはインパクトがない。3割カットで行きましょう」と言い出した。「お子さんが7人もいるのに、それで大丈夫なの?」というと、「貯蓄があるから大丈夫ですよ」。

無事、当選して知事になった橋下さんは、公約どおり自らの報酬を3割カットした。私はこれをテコに、日頃「地方議会は二元代表制で、知事と議会は車の両輪、対等の立場」といっている先輩議員を説得して議員報酬を削減しようとした。対等の立場というなら、あの若い知事が「報酬を3割カット、退職金も5割カットする」というのだから、議会に退職金はないが、自分たちも「報酬を3割カットしよう」というのが筋だと思ったのだ。

ところがこういうときに限って、議員たちは「知事は知事、議会は議会。橋下さんはそもそも儲《もう》けとった」というのだった。

実際に当時、橋下さんが本会議での演説で財政再建指針を述べると「お前、金持っとるがな」「テレビで稼いできたやないか」などとヤジが飛んでいた。まったくのデマで「天王寺でマンション貸してるらしいなぁ」というヤジまであった。私はその手のヤジに対して、「君らアホか。民間で稼いできたことと、知事として府の財政を再建することは何の関係もないやないか。何いうとんねん」と、議場でたしなめたことがある。

とにかく議員報酬のカットについては、過敏に反応する議員が多かった。なかには「松井君、そもそもわしら、給料上らんねん。当選回数によっても給料の差はない。けど理事者は毎年ちょっとずつ上がりよる」と詭弁《きべん》を弄し、議員報酬のカットに抵抗する議員もいた。選挙で選ばれて4年間、対等の立場で活動する議員の給料が、当選回数と無関係なのは当たり前である。議員の報酬は初めから決められており、試験を通った公務員の理事者や職員の昇給と比べること自体、大間違いだ。

すったもんだの挙句、議員報酬の削減率はわずか5％と決まった。正直、恥ずかしかったが、ゼロよりはましと割り切って、まずは5％からスタートした。私が関わった最初の議会改革で、これがのちに維新の「身を切る改革」につながることになる。

1 票差で始まった「身を切る改革」

2010年4月、橋下さんが代表、私が幹事長になって大阪維新の会が発足した。当時府議会の中で維新は27人しかいなかったが、第一会派ではあった。「議会は知事と同等の立場なのだから、知事と同じく議員報酬を3割カットすべき」と、維新の幹事長として発言を続けた。するとメディアも、徐々に私の主張を取り上げてくれるようになった。

大阪の危機的な財政状況は明らかで、各会派は議員の身分にメスを入れることに後ろ向きと思われることを恐れた。2011年4月の統一地方選挙が迫っていたからである。

選挙前、維新は「議員報酬の3割カット」の条例案を出した。すると各会派は「議員報酬3割カット」は同じだが、期限を設けたり、政務調査費の削減を絡めたり、少しずつ違う条例案を出してきた。当時の議席は維新が27議席で、自民・公明・民主がそれぞれおよそ20議席、共産が10議席ほど。どこも過半数を持っていない。つまり各派は「議員報酬の3割カットはしたいが、どの会派の案も過半数に満たなかった」という卑怯な演出で、削減案を廃案に持ち込もうとしたのである。

怒りを覚えた私は「3割カットさえあれば、どの会派の案であっても乗る」と宣言した。各会派は焦った。この期に及んで「議員報酬の3割カット」に及び腰になると、間近に迫った選挙で不利になってしまう。結局、民主案に維新・自民・共産の3会派が乗るかたちで決着がつく。大阪府議会は2011年4月から1年間、議員報酬を30％、報酬とは別に支給される政務調査費を15％それぞれ削減する特例条例の改正案を同年3月3日、本会議で可決した。

こうして3割削減後の報酬（月額65万1000円）は全都道府県議会で最低となった。条例上の報酬（月額93万円）と政務調査費（月額59万円）については、現府議の任期満了（同年4月29日）までの期限付きですでに15％削減している。2011年の改正により、条例上の額に比べて総額約4億8000万円の経費削減となった。

ただ、この議員報酬の3割カット、維新の中でもすんなり決まったわけではなかった。議員報酬だけで議員活動から、生活まですべてを賄っている人も多い。とくに当時は自民党から維新に移ってきた議員が非常に多かった。自民党には地域の付き合いを大事にしている人が多いが、それには何かと物入りである。自民から維新に移ったからといって、地元の付き合いがなくなるわけではない。だから、議員報酬の3割カットについては、維新の中でも賛否が拮抗していたのである。

「3割カット」はもっと慎重に議論すべきという人も、それなりの理屈をこねてくる。「議員の報酬をカットし過ぎるとよい人材が集まらない」「よい人材に政治の世界に興味を持ってもらうには、一定以上の報酬は必要である」というものだ。

しかし、これは議論のすり替えである。いまは財政再建の話をしているのであって、人材の話ではない。しかし、幹事長は独裁者ではない。政党の方針を私の一存で決めることはできないので、最後は多数決をとることにした。

ところが多数決の日、姿を現さない賛成派がいた。「幹事長に任せる」というのである。私は「それはあかん。反対派や消極派は論陣を張って抵抗するだろうから、賛成派も全員出席して旗幟《きし》を鮮明にせえ」といって、全員を集めて挙手で決をとった。結果は、1票差で「3割カットに賛成」が勝利。

いまでこそ「維新といえば身を切る改革」といわれるほど有名になったが、そのスタートにおいては維新の中で満場一致で決まったわけではなく、わずか1票差で採用された政策だったのである。当たり前のことだが、「身を切る」のは、口でいうほど容易なことではない。

3割カットが始まってもう10年以上たつが、そのせいで議員が生活破綻したという話は聞かない。2011年の選挙で初当選した維新の議員は初めから3割減の報酬で普通に生活し、議員活動を続けている。3割をカットしたところで月額報酬に加えて年2回の期末手当（6月、12月）があり、年収は1000万円を超える。3割カットで大騒ぎする議員の感覚は、やはり世の中とズレているのではないだろうか。

W選挙で知事に就任

こうして初めての大規模な選挙となった2011年4月の統一地方選挙で、大阪維新の会は大阪府議会で過半数の議席を獲得し、大阪市議会でも圧倒的な第一党になることができた。しかし公約にある大阪都構想を実現するためには、我々と同じ政策を掲げる人に大阪市長になってもらう必要がある。

当時の大阪市長は、大阪都構想に反対を表明している平松邦夫さんだった。平松さんは2007年11月の大阪市長選挙で民主、国民新党などの推薦を受けて、自民・公明が推薦する現職の關《せき》淳一さんを破って市長に就任、2011年11月の市長選でも再選をめざしていた。

平松さんは元民放アナウンサーで知名度があるうえ、大阪市役所が全面バックアップしており、選挙で簡単に勝てる相手ではない。その平松さんに勝てるのは、橋下さんしかいないだろうと、私は思っていた。そこで、市長を代えるために、橋下さんに次の市長選挙に出てもらい、橋下さんに代わる知事候補は、幹事長の私がふさわしい人を探すことになった。

ところが、志を同じくして戦ってくれる人をいろいろ探したものの、我々が見込んだ人は皆さん社会でそれなりのポジションを築かれている。いまの職務を横に置いて知事選に出るとなると、なかなか決断には至らない。検討はしてくれるものの結局、出馬の要請は受けてもらえなかった。

そのうち選挙の期日が迫ってきた。最終的には府議会議員の中から出すことにして、維新の政策立案を主導してきた当時の政調会長・浅田均（現・参議院議員）さんを知事選挙に担ぎ出そうとした。橋下さんに相談すると、「これはもう命懸けの一大勝負になるので、最後は自分が指名したい」という話になった。

9月の半ばだったか、「2人で食事でもどう？」と誘われた。じつは、橋下さんと2人で会食するのはこれが初めてだった。なんだか、変な予感がした。

うどんすきを食べながら、橋下さんがいった。

「最後の勝負なんで、自分も納得できる戦いをしたい。だから、松井幹事長が知事候補になって、2人で戦いましょう」

私は行政側の役割はどうも苦手で、どちらかというと議会側のほうが自分には合っていると思っていたので、これには戸惑ってしまった。

「ちょっと待ってよ。家族とも相談せんとあかんし……」と私が躊躇《ためら》っていると、「それはもう絶対条件です。松井幹事長が了解しないなら、この市長選挙の話もなかったことにしてください」と橋下さんは言い切った。ほとんど脅しである。

ここまで大勢の人を巻き込みながら、大阪府議会で過半数を取り、大阪市議会でも第一党になった。ここで私がやりたくないと、周りから我儘《わがまま》に見えるような我を張って、都構想が宙に浮いてしまうようなことにでもなれば、あまりに無責任である。ここはもう負けるんだろうなと半ば思いながら、私は覚悟を決めた。相手は元池田市長で大阪府内43市町村長の中心的存在であった倉田薫さんである。

その日、橋下さんは、私を2軒目に誘った。大阪・ミナミのホテルの高層階にあるバーだった。カウンターから大阪の夜景が一望できた。私を奮い立たせるためか、そのとき橋下さんがいった言葉が忘れられない。

「松井さん、見てください！ 大阪の未来が見えますよ！」

私は「真っ暗でなんも見えへんやんか……」と、心の中でつぶやいた。

橋下さんは10月、任期を3カ月余り残して府知事を辞職し、任期満了に伴う大阪市長選挙に立候補、橋下さんの後任を選ぶ府知事選とのW選挙が実施されることとなった。投票日はともに11月27日である。

大阪維新の会は府知事選・市長選の「府市共同マニフェスト」を発表した。我々が掲げた主な公約は、公務員制度を変える「職員基本条例」、教育の仕組みを変える「教育基本条例」、「地下鉄民営化」、そして「大阪都構想」だった。

市長選では、維新の橋下さんが自民・公明・民主に加え共産党の支援まで受けた現職の平松さんに一騎討ちを挑むことになった。一方、7人が立候補した府知事選も事実上、私と倉田さんの一騎討ちだった。自民党と民主党に加えて府内の市町村長の多くが倉田さんを支援していた。W選挙はさながら「大阪維新の会」vs.「全既成政党」の様相を呈していた。この構図はその後も長く続くことになる。

私は地域政党の幹事長とはいえ、一府議会議員にすぎない。自分の選挙区（八尾市）ではそこそこ名前を知られていたが、一歩選挙区を出れば、松井一郎なんて誰も知らなかった。当時、橋下さんと一緒に街頭演説をすれば、大勢の聴衆に集まってもらえたが、私１人で演説をしても人は集まらず、壁に向かってしゃべっているような有り様だった。相手候補の倉田さんのほうがまだ知られていた。

結果は、橋下さんと私の圧勝。私は2位に80万票の差をつけていた。私はこれを橋下さんの人気と大阪維新の会への期待の表れと理解した。

大阪維新の会代表の橋下さんが大阪市長、幹事長の私が大阪府知事に就任して、大阪都構想実現に向けた動きが本格的に始まった。

第3章

既得権益に挑み、成長を取り戻す

私は、「持続可能な日本」をつくるために戦ってきた。本章では、政治家としてとくに私が挑んだ三つの政策テーマについて紹介する。統治機構を変革する「大阪都構想」と経済の起爆剤としての「大阪・関西万博の誘致」、そして経済成長のエンジンとしての「統合型リゾート（ＩＲ）誘致」である。

都構想はなぜ負けたのか、万博誘致はどのように成功したのか、なぜＩＲ誘致が必要なのか。私の胸の内を述べてみたい。

時代に合わなくなった戦後の大都市政策

大阪都構想は大阪維新の会がめざす改革の本丸である。しかし大阪都構想はあくまでも手段であって、目的ではない。目的は大阪を改革して成長する都市に変え、ひいては時代に合わなくなった東京一極集中を変えて持続可能な日本を取り戻すことである。そして大阪を成長する都市に変えるには、大阪府と大阪市の二重行政の弊害を解消することが不可欠である。

大阪府と大阪市の権限争いは近年始まったものではない。戦後間もない昭和20年代からすでに府市の対立が顕在化している。まず1947年（昭和22）に成立した地方自治法に、大都市を府県から独立させて、府県と同等の権限を与える「特別市」の制度が盛り込まれ、大阪市、横浜市、名古屋市、京都市、神戸市の5大都市がその候補に選ばれた。府県から独立させることで大都市の発展を促すのが、政府の目的だった。

ちなみに、ここに東京が含まれていないのは、戦時中の1943年（昭和18）に東京府と東京市が統合して「東京都」が成立し、東京市の当時の35区は特別区になっていたからである。

しかし、5大都市を抱える府県は特別市制度の施行に猛反発した。域内の中核都市が府県の管轄外になり、コントロールがきかなくなるからである。なかでも対立が激しかったのが大阪府と大阪市だった。

大阪市は「大阪特別市制実施対策本部」を設置し、特別市をめざす運動を展開した。これに対して大阪府議会は1953年（昭和28）、「大阪産業都建設に関する決議文」を採択した。大阪府・大阪市を廃止して「大阪産業都」を設置し、旧市域に複数の「都市区」を設置するという決議である。しかし、大阪産業都は実現することなく構想は消滅した。

一方、1956年（昭和31）の地方自治法改正により特別市制度も施行されないまま廃止され、代わって「政令指定都市制度」が創設された。政令指定都市に指定された大阪市は、府県とほぼ同等の権限が与えられた。大阪府から独立した特別市になるという大阪市の念願は、政令指定都市という形で成就したといえる。こうして大阪府との対立が温存されることになった。

大阪府と大阪市が競い合っておのおのインフラ整備や産業振興を行なった結果、非効率な二重行政、二重投資が蔓延《まんえん》した。「府市合わせ（不幸せ）」と揶揄されてきた状況だ。

大学、病院、体育館、図書館をはじめ多くの公的施設や機関も、府立と市立の両方が存在した。それでも高度成長期、地域経済が好調で財源に余裕がある時代には、府市それぞれの投資がインフラ整備や都市開発を加速させるメリットもあった。しかし、バブル崩壊後、関西経済が停滞し財政が逼迫《ひっぱく》すると、二重行政はデメリットのほうが大きくなった。その弊害はもはや放置できないほど深刻だった。

「府市合わせ」の象徴ともいえるのが、大阪湾に臨む二つの超高層ビルである。先述のように、１９９５年に大阪市の第三セクターは「大阪ワールドトレードセンタービルディング」（ＷＴＣ）を、96年には大阪府の第三セクターが「りんくうゲートタワービル」（ＧＴＢ）をそれぞれ完成させた。

二つの超高層ビルは高さを競って設計変更を繰り返し、最終的にWTCが256メートル、GTBが256・1メートルと、GTBが10センチだけ高くなった。10センチ差で大阪府はメンツを保ったのかもしれないが、このばかばかしい高さ競争で余計な工事費も使われた。

二つのビル建設が計画されたのはバブル期だったが、完成したときにはすでにバブルは崩壊していた。合わせて総事業費1800億円超を投じたこの二つの超高層ビルはその後、相次いで経営破綻した。

このような二重行政の弊害が生じるのは、70年以上前につくられた特別市制度の流れを汲む政令指定都市の制度が、経済が停滞し少子高齢化が急速に進む現在の大阪に合わなくなっているからである。そして二重行政の弊害がさらに大阪の経済を停滞させるという悪循環に陥っているからだ。

この悪循環を断ち切り、大阪を再び成長する都市に変えることが、大阪維新の会がめざした大阪都構想の目的である。

なぜ最初の住民投票で大阪都構想は否決されたのか

２０１１年秋のＷ選挙に勝利して橋下さんが大阪市長、私が大阪府知事に就任した。大阪の２トップを大阪維新の会が占め、広域行政の一元化を図る体制を我々は「バーチャル大阪都」と呼んでいる。このバーチャル大阪都のもとで維新改革は一気に進み始めた。その司令塔となったのが２０１１年12月に設置された「府市統合本部」である。

府市統合本部は司令塔としてよく機能し、府と市がそれぞれ持っていた大学や信用保証協会、衛生研究所等の統合案をはじめ、二重行政の無駄の解消と広域行政の一元化の検討があらゆる分野で本格化することになる。

しかし、行政側でこうした府市統合への動きが始まったとたん、議会では都構想をめぐる対立が激化した。とくに維新が過半数を持たない大阪市議会は混迷を極めた。

大阪府・大阪市特別区設置協議会（法定協）でも維新と他会派との議論が紛糾した。法定協は２０１２年８月に国会で成立した「大都市地域における特別区の設置に関する法律」（大都市地域特別区設置法）で定められた協議会で、都構想を進めるためには法定協での協定書の作成が必要となる。なお、大都市地域特別区設置法の成立にあたっては、当時、野党だった自民党の菅義偉さんに大変お世話になった。その経緯については、第4章で改めて論じることとする。

大阪都構想の設計図ともいえる協定書づくりが進まないなか、民意を問うため、橋下さんは2014年2月、任期途中で市長を辞任し、出直し市長選に打って出た。

橋下さんは再選されたが、それでも市議会では抵抗が続いた。そのなかで、私が許せなかったのが強硬に反対の論陣を張る公明党だった。

その背景には、2012年の衆院選での選挙協力がある。当時、我々は公明党が議席を持つ大阪、兵庫の6小選挙区の候補擁立を見送った。公明党は都構想の住民投票までは協力し、我々も衆院選では小選挙区で競合は避ける。それが両党の了解事項であるはずだった。しかし、公明党はそれを完全に反故にして、反対姿勢を強めていった。私も橋下さんもこの裏切りに怒りは頂点に達していた。

やられたら、やり返すしかない。次期衆院選で公明党が議席を持つ小選挙区に維新の候補者を立てる準備に着手した。私と橋下さんも、それぞれ大阪16区、大阪3区の選挙区支部長となることを宣言し、公明党の現職国会議員と直接対決する覚悟だった。

２０１４年10月、住民投票の実施に必要な設計図である都構想案が府議会、大阪市議会で公明党などの反対で否決。そしてその翌月、衆院は解散された。維新、公明両党の命運をかけた大喧嘩は、もはや避けられない状況だった。

だが、それは直前になって回避されることになる。衆院解散から２日後、私と橋下さんは報道陣に立候補を見送る考えを表明した。その裏で何があったのか、ここでは具体的なことは伏せておきたい。ただ、衆院選後の12月23日、私と橋下さんは公明党の支持母体である創価学会の幹部と面会し、住民投票実施の協力を取り付けた。さらに、２日後の25日、大阪の公明党幹部とも面会して、改めて住民投票の「実施」までは協力することを確認。これを受け、府議会、大阪市議会で住民投票の実施が決定する。まさにぎりぎりの攻防の末の政治決着だった。

２０１５年５月17日、ついに大阪都構想の賛否を直接、大阪市の住民に問う「大阪市特別区設置住民投票」が実施された。結果は、反対70万５５８５票、賛成69万４８４４、得票率ではわずか０・８ポイントという僅差の否決だった。この敗北を受けて、橋下さんは政界からの引退を表明した。

なぜ住民投票で大阪都構想は否決されたのか。

大阪都構想への対案として自民党が２０１４年９月に発表した「大阪戦略調整会議」（大阪会議）の影響が大きかったと私は考えている。言い換えれば、自民党のデマに大阪市民が惑わされたからである。

自民党の対案とは、大阪府と大阪市・堺市の3首長と各議会議員で構成される「大阪会議」を設置し、話し合いによって二重行政を解消するというものである。

我々は話し合いで結果を出すことができなかった歴史を目の前で見てきたからこそ、二重行政をなくすには大阪都構想しかないと確信してその実現をめざしてきた。ところが自民党は、「いままではできなかったけれど、二重行政をなくすための会議体をきちんとつくるので、これからは話し合いで物事を決定していける。都構想は必要ない」と、大阪と堺の市民に提案してきたわけである。

橋下さんや私は、「これまでできなかったことを、いまさら話し合いでというのは、急場しのぎの言い訳にすぎない」と思っていたのだが、「話し合いで二重行政が解消するなら、わざわざ人とお金を使ってまで大阪市をなくす必要はなんじゃないか？」というのは、大阪市民にとってごく普通の判断だったのだと思う。

「松井や橋下はそういうけど、自民党も話し合いはちゃんとするっていってるんだから、それでいいんじゃないの」という人たちが、我々のように疑う人たちを僅かに上回って、最初の住民投票で都構想は僅差で否決されたのだと私は考えている。

怒りから都構想再チャレンジを決意

2015年5月の住民投票で大阪都構想が否決されたあと、橋下さんと私は、上手《うま》くいかないとはわかっていたが、自民党が提案した大阪会議の設置に賛成することにした。住民投票で都構想が否決されれば、橋下さんや私は諦めて、二重行政の問題もそのままうやむやになると自民党は思っていたのではないだろうか。府知事と大阪市長の任期はその年の11月までだから時間もないし、橋下さんは負けたら政治家を辞めるといっていたから、住民投票で否決された時点で、二重行政の話も終わると思っていたに違いない。ところが、我々が自民の提案に乗って会議体をつくったものだから、向こうも慌てたようだ。

実際、二重行政の弊害は「都構想」でなくとも「大阪会議」で話し合えば解消できる、「大阪会議」は都構想の「対案」だと自民党は市民に訴えていたわけだから、我々は自民党の主張どおり、二重行政の弊害を解消するためのプランを大阪会議で議論のテーブルに載せようとした。

府立大学と市立大学の統合や府立公衆衛生研究所と市立環境科学研究所の統合をはじめ、二重行政解消プランを我々は先述の府市統合本部で立案済みだったので、これらの具体的な議題を大阪会議で議論しようと提案したのだ。

ところが彼らは、府立と市立の大学や研究機関や病院等の統合をする気など元々なかった。統合すれば確実に機能を強化できるのだが、そんなことより自分たちの既得権益を守るほうが彼らには重要だった。自分たちの権限が少しでも薄れていく恐れがある統合には全面的に反対だったのだ。

実際に大阪会議という議論のテーブルをつくったとたん、都構想の対案として二重行政を解消するための会議体をつくるという彼らの主張の化けの皮がどんどん剝《は》がれていった。挙句の果てに彼らは、「大阪会議は都構想の対案ではない」と言い出した。「都構想があるあいだは対案だったが、都構想が否決されたのだから対案も一緒になくなった」というのが彼らの理屈だった。

2015年9月、結果的に最後となる3回目の大阪会議。我々は結論を出す時期を決めるよう求めたが、自民党などの反発でこのときも会議は空転して終わった。

その直後の記者団のぶら下がり取材では、都構想に反対する竹山修身・堺市長と激しい言葉の応酬になった。

私が「これが大阪会議だ。ものを決めることができない」と批判すると、橋下さんも「これが大阪ポンコツ会議の実態。初めからこうなることはわかっていた」と怒りをあらわにし、「大阪都構想を否決するために（大阪会議を）出してきたようなものでやる気がまったくない。大阪ポンコツ会議はこんなの会議の体をなしていません。なんにも決まりません」とまくし立てた。

これに対し、竹山さんは「政局に利用されているような感じで、私としては不満が残る会議だ」などと反論。橋下さんがすかさず「政局の利用なんかまったくない。竹山市長は古くさい市役所の、役人のやり方に慣れ親しんでいる」と突っ込み、その場はもはや収拾がつかなくなってしまった。

自民党は自身が主張した「大阪会議」に参加すらしなくなり、「大阪会議」は何も解決できず自然消滅した。

賛成か反対か悩みに悩み抜いた大阪市民の判断、家族が賛成・反対に分かれるまで議論してくれた有権者の判断を完全に無視する自民党の態度、有権者をここまで愚弄する自民党の傲慢さを私は許せなかった。私は住民投票で否決されたら、橋下さんと一緒に2015年の11月で政治家を辞めるつもりだったのだが、このままでは辞めれないと考え直した。すべての大阪市民を騙した自民党を中心とする反対派への怒りから、私は都構想に再チャレンジしようと決意した。

橋下さん抜きでも選挙で連勝

2015年11月、任期満了に伴う大阪府知事選挙と大阪市長選挙が実施された。知事選挙には再選をめざして私が、市長選挙には引退した橋下さんに代わって吉村洋文さんが、ともに「都構想への再挑戦」を掲げて立候補した。

橋下さんと同じく弁護士だった吉村さんは、2011年の統一地方選挙に向けて大阪維新の会が初めて公募した候補の1人で、大阪市議会議員選挙で初当選して政治家に転身、14年に衆議院議員に転じたが、代議士を辞してこの大阪市長選に出馬した。

橋下さんの政界引退を受け、当時、他党からは「橋下人気に支えられてきた維新も、これで終わった」と囁かれていた。しかも橋下さんの後継をめざす吉村さんは、前・衆議院議員とはいえ、ほとんど無名だった。吉村さんの当選は厳しいのではないかという下馬評も聞こえていた。

しかし結果は、知事選、市長選ともに、我々の圧勝だった。私は自民党・民主党・共産党が推薦・支援する栗原貴子さんを約100万票差のダブルスコアで破って再選を果たし、吉村さんは同じく自民党・民主党・共産党の推薦・支援を受けた柳本顕《やなぎもとあきら》さんに約19万票差をつけて大勝した。

こうして松井・吉村の新コンビで維新ツートップ体制が維持されることになった。私はこれを、維新改革を続けてほしいという民意の表れと理解した。

しかし維新以外の主要政党がすべて都構想に反対する状況は変わっていない。都構想について議論する法定協は空転を続け、私の知事任期が残り1年となっても、都構想の是非を問う2度目の住民投票を実施する目処《めど》は立たなかった。

2015年のW選挙で都構想を掲げて我々は勝ったにもかかわらず、反対派の抵抗で住民投票の実施すら見通せない状況にある。このまま都構想を諦めることは、先の選挙で維新を支持してくれた有権者への裏切りになる。

このときも公明党は都構想に反対の立場だった。しかし、じつは2017年4月、大阪維新の会幹事長の今井豊府議と公明府本部幹事長の林啓二府議は、「今任期中で住民投票を実施」と明記した合意文書に署名していた。もちろん公の場で行なわれたものではない。水面下で交わされた政党間の、いわゆる「密約」だった。

当時、東京都の小池百合子知事の新党の動きが浮上するなど、衆院選が早期に行なわれる可能性が取り沙汰されていた。実際、17年10月に衆院選が実施されている。先述のように、1度目の住民投票のときも、維新は、公明党が関西で議席を持つ6小選挙区に候補者を立てることを見送っていた。それは、都構想で公明党の協力を得るためだった。今回もそうしたなかで、この合意文書は交わされたのだ。

知事の任期が残り1年を切った18年12月21日、私たち維新の幹部は、公明党大阪府本部の幹部たちと水面下で面会した。約束どおり、任期中の住民投票の実施を促すためだった。しかし、公明党の幹部たちは煮え切らなかった。私はここで、喧嘩を仕掛けることを決意する。「あの合意文書を記者会見で説明します」。そう啖呵《たんか》を切って、席を立ったのだ。

その5日後、私は大阪府庁の記者会見で、公明党との合意文書のコピーをメディアの記者たちに配布した。私は「約束を反故にされた」と訴えたが、それが公明党の協力をどう引き出せるか、まだ勝算は見通せずにいた。

最終的に私は、2019年4月の統一地方選に合わせて、府知事の私と大阪市長の吉村さんが任期途中で辞任し、知事と市長を入れ替える「出直しクロス選挙」に打って出る決断をした。膠着《こうちゃく》状況を打破するために、我々は有権者に信を問うことにしたのだ。

ただし、私が再び府知事選に、吉村さんが大阪市長選に立候補する「出直し選挙」であれば、再選されたとしても当初の任期が満了する11月に再び知事選・市長選を行なわなければならない。1年に2度も首長のW選挙を実施するのは税金の使い方として、いかにも非効率である。単なる出直し選挙ではなく、出直しクロス選挙を選択したのには、そのような事情もあった。

ただ、この大きな決断の背景には、当時官房長官だった菅義偉さんの後押しが大きい。それは、第4章で後述する。

府知事選に吉村さんの対立候補として自民党が擁立したのは、かつて橋下さんと私の府政を副知事として支えてくれた小西禎一《ただかず》さん、そして大阪市長選に私の対立候補として自民党が擁立したのは、前回の市長選と同じ柳本顕さんだった。

どちらの候補も自民党と公明党から推薦、国民民主党から支持、立憲民主党と共産党からは自主支援を受けていた。「過去最強の維新包囲網」ともいわれたが、選挙戦で我々は「こんなおかしな組み合わせは野合談合としかいえない」と批判した。

W選挙投開票日の2019年4月7日、午後8時になった瞬間、各メディアは私と吉村さんの当選確実を速報した。圧勝だった。最終的に吉村さんは対立候補に100万票以上、私は18万票以上の差をつけていた。

その日は、統一地方選前半戦の大阪府議会議員選挙と大阪市議会議員選挙の投開票日でもあった。この統一地方選でも維新が躍進した。定数83の府議選では維新が51議席（改選前40）を獲得して過半数を上回り、定数83の大阪市議選では、過半数にはわずかに2議席届かないものの、40議席（改選前34）を獲得して圧倒的第一党を維持した。

4年前、「橋下が去って維新は終わった」などといわれたが、そうはならなかった。府議選・市議選に至っては、橋下さんが率いた過去の統一地方選を上回る結果を残すことができた。

公明党の翻意で住民投票が実現

出直しクロス選挙と統一地方選挙で維新が圧勝したことで、維新以外の政党がすべて結集する「最強の維新包囲網」に綻びが生じた。公明党が大阪都構想賛成に転じたのだ。

公明党のように組織がしっかりした政党でも、大阪府議団と大阪市議団には相容《あいい》れないところがある。「府議団は市議団のテリトリーには口を出さない」という不文律のようなものが大阪の公明党にはあるのだ。つまり、「府議は大阪市のことには口出しするな」ということである。当然ながら大阪市内選出の府会議員もいるのだが、互いの縄張り意識が強いのだ。そして公明党でも、組織内では市議団のほうが府議団よりも力を持っている。

その市議団は大阪府が広域の権限を持つ都構想には大反対だった。だから2019年の大阪市長選ほど、公明党が相手候補を必死で倒そうとした首長選はなかったと思う。

「小さな声を、聴く力」がキャッチコピーだけあって、当選した首長と上手に付き合いながら、自分たちの公約を少しでも取り入れてもらうのが公明党のやり方である。だから公明党は普通、首長選では他の陣営と明確な対立を避ける戦い方をする。

ところが、この市長選では明確に相手を倒そうとしていた。その相手が私だったからよくわかるのだが、維新包囲網のなかでも私をやっつけようと一番頑張っていたのが公明党だった。「松井一郎だけは何としても退場させる」と、必死だった。そのためには宿敵の共産党と手を組むことも厭《いと》わなかった。公明党と共産党が手を組んで選挙を戦ったのは、おそらく全国でも大阪だけではないだろうか。

ただ結果として、私が勝てた。そして、勝った民意にすごく敏感に反応するのも公明党の特徴である。「民意が明らかになった以上、それに従います」と軌道修正ができる柔軟性が公明党の身上でもある。ただしこの「柔軟性」、見方を変えれば「日和見《ひよりみ》」といえなくもない。実際、維新の圧勝を見て「大阪都構想賛成」に転じた公明党の手のひら返しに、一緒に選挙を戦った自民党の人たちは激怒していた。「公明党というのはホントに信用できない」と。

こうして公明党が賛成に転じたことで、法定協における大阪都構想の制度案（協定書）の審議が動きだし、協定書の決定から府議会および大阪市議会での採決を経て、都構想の賛否を問う２回目の住民投票を２０２０年11月１日に実施することが決定した。

なぜ２回目の住民投票でも都構想は否決されたのか

住民投票の結果は、第１章の冒頭に記したとおり、僅差ながら反対票が賛成票を上回り、大阪都構想はまたも否決されてしまった。それはなぜだろうか。

前述のように、1回目の住民投票では、「大阪会議で話し合えば二重行政は解消できる」という自民党を中心とする反対派のデマに都構想が負けたのだった。だから私は怒りが沸騰した。

しかし2回目の否決はある意味、納得できるものだった。つまり、橋下さんと大阪府・大阪市一体の行政運営をスタートさせて、2020年の時点で約10年間、大阪維新の会がさまざまな改革を進めた結果、大阪全体が住みやすくなったことが、都構想が否決された大きな要因だと私は考えている。二重行政の弊害も次々に解消された。だから「大阪市をなくす大手術までしなくていいだろう」という有権者が増えたのだろうと理解している。

2015年の住民投票で都構想が否決されたあと、大阪会議で我々が議論のテーブルに載せようとして自民党に拒絶された大阪府立大学と大阪市立大学の統合も実現し、2022年に「大阪公立大学」として新たにスタートした。大阪府立公衆衛生研究所と大阪市立環境科学研究所も統合され、「大阪健康安全基盤研究所」として発足、拠点を一元化することで検査・研究体制が強化されている。

私立高校の無償化や幼児教育の無償化、給食の無償化も達成し、全国に先駆けて子育て支援策もどんどん拡充していった。コロナ禍の影響で中断したものの、世界から観光客が来てくれるようになった。万博も誘致できた。

維新が大阪府知事と大阪市長を務めるいわゆる「バーチャル大阪都」のもと、大阪府・大阪市が一体で動いた結果が、そのような形で見えてきたということである。

維新の敗因について、アンケート調査をもとにメディアがいろいろ分析しているが、それを見ても「橋下・松井、松井・吉村のツートップで大阪府市を運営してきた結果、大阪は良くなった」という意見が非常に多かった。「これからも府市一体でやってくれればいい。大阪市をなくすまでの外科的処置はもう望まない。だから前回は都構想に賛成したけども、今回は反対した」という意見が、反対した理由として多くを占めたのだ。

だから私自身ジレンマを感じているのだが、住民投票の結果を残念に思う半面、知事・市長として私が運営してきた行政を市民の皆さんが評価してくださったことには大変満足している。

第１章の冒頭でも述べたとおり、２０２０年11月１日夜の会見でもうチャレンジしないといったのは、そのように満足できたがゆえに、さらにチャレンジするための怒りが湧いてこなかったからである。

ただし、同じ維新の人であっても、政治は人間のやることなので、いつどこで対立が起こらないとも限らない。そしてひとたび府と市のあいだで対立が起これば、また「府市合わせ」の状況に戻りうることを維新の人たちは、議会側であろうと行政側であろうと、決して忘れないでもらいたい。

「もう一回、万博やろうよ」

大阪都構想以外にも、我々大阪維新の会は大阪を成長させていくために、さまざまな挑戦を行なってきた。その一つが大阪への万博誘致だった。

発端は2020年のオリンピック（新型コロナの影響で実際に開催されたのは21年だった）が東京で開催されることが決定した2013年に遡る。当時、大阪府・市の特別顧問を務めていただいていた堺屋太一さん、大阪市長の橋下さん、それに府知事の私が北浜の寿司屋で食事をしていたときのこと、堺屋さんが「大阪を成長させていくためには、世界的にインパクトのあるイベントが必要だ」とおっしゃった。そして「橋下さん、松井さん、もう一回、万博やろうよ」という話になった。

「東京が2度目のオリンピックなら、大阪は2度目の万博だ」という思いがあったのだと思う。堺屋さんといえば、１９７０年の大阪万博を大成功に導いた立役者である。ここから２度目の大阪万博開催を模索する動きが始まった。

２０１４年８月、橋下さんが万博の大阪招致に取り組む意向を表明、15年４月には大阪府が、行政・経済界・有識者で構成する「国際博覧会大阪誘致構想検討会」を設置し、大阪開催の意義やテーマについて検討を開始した。

万博を統括するＢＩＥ（博覧会国際事務局）が１９９４年に「すべての博覧会は、現代社会の要請に応えられる今日的《こんにち》なテーマを持たなくてはいけない」等の決議を行ない、以降「国際博覧会は地球的課題の解決に貢献しなければならない」ということが関係者のあいだで共通理解となっている。そこで「超高齢社会の課題解決」が一つのテーマ案として浮上した。

その２０１５年にはミラノ万博が開催されていた。ミラノは大阪市と姉妹都市ということで、橋下さんの前の平松邦夫さんが市長だったときに、大阪市も日本館に出展すると約束していた。本来なら市長の橋下さんが博覧会に出席すべきなのだが、橋下さんは大阪都構想否決を受けてすでに政界引退を発表しており、ミラノには行かないと言い出した。代わりに知事の私が出席した。

ミラノ万博のテーマは「地球に食料を、生命にエネルギーを」で、日本館では日本の食文化や日本食の魅力、日本の食材の品質の高さなどを発信していた。9月10日、私は万博会場を視察し、日本館で開かれていた大阪市主催のイベント「姉妹都市大阪から魅力発信」に参加して、食の都・大阪をアピールした。

万博会場は大勢の人であふれ、活気があった。とくに日本館の人気は凄《すさ》まじく、長蛇の列ができて、入館までに10時間待ちという日もあるほどだった。万博が日本や大阪の魅力を世界に発信する場として優れていると実感した。

BIE事務局長との会談で好感触

ミラノ万博に出席した翌日の11日、パリのBIEを表敬訪問して、ヴィセンテ・ゴンザレス・ロセルタレス事務局長と意見交換を行なった。

私が「1970年の大阪万博開催から約50年になる。世界が抱える課題を解決する新たなイノベーションを起こすような国際博覧会を開催したいと考え、検討している」と報告し、「超高齢社会において、いかに豊かに生活ができるか」「心とからだの健康をどのように保つか」が大きなテーマになると考えていると伝えた。

それに対し、ロセルタレス事務局長は「万博の意義は、経済の観点も重要であるが、人々の日常生活をよくする目的がなければならない。知事が考えているテーマは、万博の意義を踏まえている。『健康』は人類の未来にとって重要なテーマ。これまで『健康』をテーマにした国際博覧会はなく、日本はこういうテーマを打ち出せばよい。そして、国固有の文化や価値観に基づいて課題解決への道筋を示し、他国と共有することが求められる」と、我々の考えているテーマを評価してくださった。

次に私は「2025年開催には、パリなども立候補すると聞いている。大阪はこれらの都市と競えるか」と、大阪に勝機があるか、率直に尋ねてみた。

すると事務局長は「相手はすべて大都市であるが、大阪は競い合えるだけの力がある。日本は、ナショナルプロジェクトとなれば、皆が一丸となって実現しようとする。他の国ではありえないことだ」と、大阪および日本の力を認めてくださった。

さらにロセルタレス事務局長は「今日は三つの良いことがあった。①国際博覧会を開催したいという思いを聞けたこと、②ここまで足を運んでくれたこと、③今後真剣に検討していくとのこと。いつでも力になる」と協力を表明してくださった。

こうして我々は２０２５年開催の万博を大阪に誘致すること、そして「超高齢社会の課題解決」をそのテーマとすることに関して、ＢＩＥ事務局長から好感触を得ることができた。非常に有意義な会談だった。とくに、テーマの方向性が定まったことは大きかった。

１９７０年の大阪万博のテーマは「人類の進歩と調和」であり、コンセプトは「規格大量生産型の近代社会」だった。これは堺屋さんから聞いたことなのだが、あの万博で一番アピールしたかったのは、じつは「日本は規格大量生産ができる」ということ、その能力の高さだったという。実際、あの時代以降、日本は規格大量生産された自動車や家電を世界に供給して経済成長を遂げた。

ならば日本が超高齢社会の課題を解決する能力を世界にアピールできれば、成長の起爆剤になるはずだと私は考えた。

日本は世界一の長寿国であり、先進国の中で一番早く高齢化が進んでいる。その結果、年金、高齢者医療、老人福祉といった高齢者関係の社会保障費もどんどん増えて、財政を圧迫している。しかし、人々が終生、健康で自立した人生を送ることができれば、こうした問題を解決できる。何より当人が幸せになれる。

誰しも年を取るが、老いても人の世話にならず、健やかに暮らせれば、当人にとってこれほど幸せなことはない。高齢者関係の社会保障費も抑制できる。しかも日本をはじめ多くの国で資産に余裕があるのは、高齢者である。老いても健康に暮らせるモノやサービスへの需要は高いだろう。健康な高齢者が人生を楽しもうとすれば、自《おの》ずと個人消費も増える。結果、経済が活性化する。三方よしである。

もし超高齢社会の問題を解決できるモノや技術、サービスを生み出すことができれば、世界中が欲しがるに違いない。それらを大阪が提供できることを、万博で世界に発信したいと私は考えた。

「菅ちゃん、ちょっとまとめてよ」

２０１５年の年末、安倍晋三総理（当時）、菅義偉官房長官（当時）と政界を引退したばかりの橋下さん、私の４人で、橋下さんの慰労会を兼ねた忘年会を開いたとき、私は上記のような万博の意義を訴えた。さらに、総理にお酒を注《つ》ぎながら、一生懸命、持論を展開した。ちなみに菅官房長官はお酒を飲まれない。

「超高齢社会をいかに乗り切るか」という問題はこれから世界中で深刻化するだろうが、日本は世界に先駆けてこの難題に直面している。しかし、日本にはこの課題を解決する力がある。

ノーベル賞を受賞した京都大学の山中伸弥教授が作製技術を確立したｉＰＳ細胞を使った再生医療の研究も進んでいる。

大阪は多くの製薬会社が拠点を置く創薬の中心地であり、大阪大学は日本のアカデミア創薬をリードしている。

日本には優れた技術力を持つ中小企業が多いが、とくに関西の中小企業の技術力は高く、つくれないものはないとまでいわれている。高度な医療機器の開発・製造能力も高い。

日本の高齢者施設は問題のある施設もあるが、世界的に見れば非常に細やかなサービスを提供している。さらにホスピタリティの面も含めて、人生１００年時代にふさわしい高齢者施設や新しい介護サービスを生み出せるのではないか。

そのような日本の総合力で超高齢社会の問題を解決するモノや技術、サービスを生み出して世界に貢献すべきだ。そして、日本にはその力があることを万博というイベントを通じて世界にアピールしたい。そう、安倍総理に申し上げた。

すると安倍総理は「それは挑戦しがいのある課題だよね」とおっしゃって、隣の菅官房長官に、声をかけられた。

「菅ちゃん、ちょっとまとめてよ」

この一言で大阪万博が動き出した。すぐに菅官房長官は経産省に大阪府に協力するよう指示してくださった。

その後、２０１７年11月の特別国会で馬場伸幸衆議院議員（現・日本維新の会代表）が、万博誘致を勝ち取るための「総理の決意」を質《ただ》した。それに対して安倍総理は次のように答弁された。

「国際博覧会の国家への誘致は、日本の魅力を世界に発信する絶好の機会となります。開催地のみならず、我が国各地を訪れる観光客が増大し、地域経済が活性化する起爆剤になると考えます。（中略）

今後も、内閣を挙げて誘致に取り組むとともに、経済界や地元自治体から成る二〇二五日本万国博覧会誘致委員会と一体的に連携し、オール・ジャパンの体制のもと、何としても誘致を成功させるという決意で、全力で取り組んでまいります。（拍手）」（平成29年11月21日、衆議院会議録より）

安倍総理のこの答弁から、永田町、霞が関、財界の雰囲気がガラッと変わり、一枚岩となって誘致活動を展開していくことになる。

敵は内にも外にも――万博誘致は喧嘩の連続

いまでこそ大阪の自民党も万博に賛成しているが、2015年11月の大阪府知事選のときには反対していて、「万博は松井知事の独りよがり。経済界の人も誰もついてきてないじゃないか」といっていた。実際、その頃は経済界もまだ万博に懐疑的なところがあった。万博に関して、大阪の政官財は一枚岩から程遠かった。

2016年9月には大阪府庁の幹部で、叩き台となる万博の「基本構想素案」を作成した。そのときつくった一番最初のテーマは「人類の健康・長寿への挑戦」だった。これには「年寄り臭い」とか「老人しか来ない」とか、いろいろ批判を受けたが、この素案を叩き台にして、経産省も加わって検討を重ね、最終的に「いのち輝く未来社会のデザイン」というテーマに進化していった。

安倍総理、菅官房長官の尽力により、2017年4月11日、2025年国際博覧会の大阪誘致に向けて立候補と開催申請を行なうことが閣議了解され、4月24日には立候補を表明、

9月25日にはビッド・ドシエ（立候補申請文書）をＢＩＥに提出した。

このとき、誘致合戦はすでに始まっていた。６月にはパリで開催されたＢＩＥ総会でプレゼンテーションを行ない、私が登壇して大阪および関西の魅力をアピールした。さらに同年11月の２度目のプレゼンテーションでは吉村洋文大阪市長が登壇した。

２０２５年の万博には大阪のほか、アゼルバイジャンのバクー、ロシアのエカテリンブルク、そしてフランスのパリが立候補した。いずれも強敵である。

ＢＩＥの本部があるパリは、これまで何度も万博を開催してきた実績があり、大阪の最大のライバルと見られていた。しかしその後、パリは立候補を取り下げた。２０２４年オリンピックのパリ開催が決まったためと見られている。オリンピックと万博を２年連続で開催するのは、さすがに厳しいだろう。

ロシアのエカテリンブルクは２０２０年の万博に立候補していたが、アラブ首長国連邦のドバイに敗れていた。プーチン大統領は２０１４年の冬季オリンピックや２０１８年のサッカーワールドカップなど、ロシアの国際イベント開催の実績を強調して、捲《けん》土《ど》重来《ちょうらい》を期していた。

イスラム教国のアゼルバイジャンは宗教・文化面で関係の深い中東諸国に働きかけて支持

を広げていた。また産油国ゆえの潤沢な資金力も脅威で、あちこちにロレックスを配っているという噂もあった。

それに引き換え、大阪は誘致活動に使える予算が限られていた。関係者へのお土産も企業に提供してもらった商品が中心で、文房具や扇子、比較的高価なモノだとジャパニーズ・ウィスキーや天満切子のグラスなどを配っていた。変わったところでは、誘致活動の「特命大使」に就任してもらったピカチュウのグッズも人気があった。ご協力くださった企業の皆様には本当に感謝している。

最後のカギは安倍総理の外交力

2018年11月23日、パリで開かれたBIE総会で2025年の万博開催都市を決める投票が行なわれた。開催地はBIE加盟170カ国の無記名投票で決まる。総数の3分の2以上の票を得た都市が開催地に決まる。3分の2に達する都市がない場合は、最下位が脱落し、2都市に絞り込まれれば過半数を得た都市が開催権を獲得する。

私は吉村市長、世耕弘成経済産業大臣、誘致委員会会長で経団連名誉会長の榊原定征《さだゆき》さん

万博誘致決定の瞬間（2018年11月23日、写真提供：時事）

らとともに現地に赴き、投票が行なわれる場所とは別の一室で結果発表を待っていた。

突然、室内のモニターに投票結果が表示された。

「日本85票、ロシア48票、アゼルバイジャン23票」

日本は半数を獲得したが、規定の3分の2には届かなかった。すぐに日本とロシアの決選投票が行なわれた。再びモニターに投票結果が表示された。

「日本92票、ロシア61票」

日本の勝ちだった。我々は抱き合って喜びを爆発させた。

我々はオールジャパンで誘致合戦を戦ってきた。その結果の勝利だったが、最後の最後に日本に勝利をもたらしたのは、ここ数年の安倍総理の外交力だったと私は考えている。

第一次安倍内閣の発足した２００６年９月から第二次安倍内閣が発足する２０１２年12月までの６年余のあいだに６人の首相が１年ごとに就任と退陣を繰り返す短命内閣が続き、国際場裏における日本の存在感は落ちるところまで落ちていた。

ドイツでは、この間を含む２００５年11月から21年12月までの16年間、政権を担ったのはメルケル首相１人だった。Ｇ７サミットでも、毎年首相が代わる日本はほとんど相手にされなくなっていた。

しかし、投票が行なわれた２０１８年11月の時点で、すでに６年近く安倍総理は政権を維持していた。当時の安倍総理は、もはや１年ごとに交代する昔の総理の扱いではなくなっていた。世界に貢献してきた安倍総理はサミットでもメルケルさんに一目置かれ、トランプさんにもシンゾーと呼ばれる、確固としたポジションを築いていた。

万博開催都市を決める決選投票は、つまるところ安倍総理とプーチン大統領のどちらが万博を招致するにふさわしいリーダーかを選ぶ投票だったといってよい。そして世界は安倍総理を選んだ。この選択が正しかったことは、それから３年３カ月後、明らかになった。２０２２年２月、プーチン大統領がウクライナへの軍事侵攻を命じ、「世界の課題を解決する」

万博を招致する資格のないリーダーであることを自ら世界に暴露したからである。

万博誘致はリスクの大きい賭けだった

こうして2025年の万博は大阪で開催されることが決まった。結果として成功したのだが、万博誘致は私にとって大きな賭けだった。私は2016年から世界各地を飛び回って誘致活動を行なってきたが、当然、それには相応の費用がかかる。その当時から「誘致に失敗したら、どう責任をとるんだ」と私を批判する声は上がっていた。誘致に失敗したら責任問題に発展しただろう。旗を振った私や吉村市長の責任が追及され、我々の求心力低下は避けられなかったと思われる。

そうなると、翌2019年4月の統一地方選の大阪府議会議員選挙および大阪市議会議員選挙でも維新は打撃を受けただろうし、統一地方選に合わせた大阪府知事・大阪市長の「出直しクロス選挙」が実施できたかどうかわからない。2020年に実施された大阪都構想の賛否を問う住民投票が実現したかどうかもわからない。万博誘致は私や維新にとって、それほどリスクの大きな賭けだったのだ。

しかし、歴史を振り返れば、国際的なイベント誘致に失敗したからといって、当事者の首長がバッシングを受けた例はあまり見当たらない。たとえば大阪市は2008年のオリンピック開催をめざして大々的な招致活動を展開したが、2001年のIOC総会で北京に敗れ、招致は失敗に終わった。この間、オリンピック招致の旗を振ったのは、1995年から2003年まで大阪市長を務めた磯村隆文さんだった。しかし、招致に失敗した磯村市長へのバッシングは起こっていない。

では、今回誘致に失敗していたら、私や維新へのバッシングが起こり、政局になるところだったのはなぜなのか。それは大阪都構想を含め、維新が議会での馴れ合い政治を終わらせ、本気で戦ってきたからだと私は考えている。だから相手も私が失敗したら、責任を取らせると手薬練《てぐすね》引いて待ち構えていたのだろう。

対して、オリンピック招致に失敗した磯村さんは、共産党を除くいわゆる「オール与党」の推薦で市長選に当選し、2期8年の任期を全うしている。招致に失敗したからといって、バッシングが起こらず、政局にもならなかったのは、オール与党という馴れ合い政治の結果だったのではないか。

安倍総理をはじめ国の自民党は万博誘致を全面的に応援してくれたが、大阪の自民党は終始、万博に反対だった。誘致に成功したあとは、賛成のフリをしているだけである。誘致に成功すれば「安倍総理のおかげ」といい、失敗すれば「だから我々は反対したんだ。松井の責任だ」と私を糾弾するつもりだったのだろう。

私は今回も本気で戦い、かろうじて賭けに勝ったのである。

観光は成長産業

２０２５年の大阪万博を成長の起爆剤とするなら、大阪・関西の持続的な経済成長のエンジンとなるのが、統合型リゾート（ＩＲ）である。

日本の人口減少が進むなか、大阪府の人口は、２０１８年度から２０４０年度の22年間で約12％減少すると見られている。大阪府における65歳以上の高齢者が占める割合は２０１５年度時点で26・２％だったが、２０４０年度には34・５％となる見込みである。このような人口減少と高齢化の進展は需要と労働力の減少をもたらすと懸念される。

そのような状況下、できない理由を並べ立てて、大阪の府内総生産（ＧＤＰの大阪府版）を引き上げる努力を放棄すれば、これまで積み上げてきた遺産を食いつぶしながら、大阪は衰退していくしかないだろう。持続可能な大阪をつくるには、持続的な経済成長を実現しなければならない。

それには、今後市場拡大など将来性が見込まれる成長産業に注力する必要がある。その将来有望でしかも経済効果が大きい産業が観光である。そして観光分野を基幹産業としていくための重要な手段がＩＲなのである。

ＩＲとは、国際会議場や展示場などのＭＩＣＥ施設、ホテル、レストラン、ショッピングモール、エンターテイメント施設、カジノなどで構成される複合施設で、民間事業者が一体的に設置し、運営することになる。

ちなみにＭＩＣＥとは、会議（Meeting）、報奨・研修旅行（Incentive Travel）、国際会議（Convention）、展示会・見本市、イベント（Exhibition/Event）の頭文字をとった言葉で、ビジネスイベントの総称である。ＭＩＣＥを目的とした利用者は団体客が多く、その消費額・宿泊数は一般観光客よりも多いため、世界各国でＭＩＣＥ誘致に力を入れている。

そうした世界水準のＭＩＣＥ施設の整備や滞在型観光の促進を一体的に行ない、インバウンドの増加を確実に経済成長に取り込んでいくための複合施設がＩＲである。

カジノへの懸念を解消するための対策の数々

このIRについて、大阪では賛否が拮抗している。反対している皆さんが懸念しているのが、カジノ絡みの問題である。たとえば「カジノができればギャンブル依存症の人が増える」「カジノができれば治安が悪化する」といった懸念を抱いている人は多い。

しかし、IR反対派のプロパガンダの影響を受け、誤解や情報不足からそのような懸念を抱いている人が少なくないのも事実である。大阪府・大阪市は丁寧な説明を続けて、誤解や情報不足に起因する懸念を解消していく必要がある。

カジノ設置に伴う「ギャンブル依存症」「治安悪化」という懸念については、国と大阪府市がそれぞれ厳格な対策を幾重にも講じている。

たとえば日本では、パチンコがギャンブル依存症を生み出してきた歴史がある。それにもかかわらずパチンコ店には、18歳以上であれば入場規制がない。入口で身分証明書を提示したり入場料を払う必要もなく、入店の回数に制限もない。しかし国の定めた「IR整備法」では、依存症防止のためにカジノへの厳格な入場管理が義務づけられている。

日本人と在日外国人（つまり外国からの観光客以外）がカジノに入場するには、マイナンバーカード等による本人確認と入場回数の把握が実施され、連続する7日間での入場回数は3回まで、連続する28日間での入場回数は10回までに制限されている。しかも1回につき入場料6000円を支払わなければならない。

さらに、本人・家族等の申し出による利用制限措置も規定されており、家族から申し出があれば、ギャンブル依存症者が施設を利用できなくすることもできる。

このようにIRのカジノには、これまで公営競技（公営ギャンブル）で講じられてきた依存症対策に比べて、よりリスクをヘッジする厳格な規制がかけられていると我々は考えている。

また、「カジノができると治安が悪化する」という懸念に対しても、国と府市双方がさまざまな対策を講じている。たとえば「IR整備法」は反社会的勢力のカジノ事業参入を規制するとともに、施設への入場や滞在、カジノ行為を禁止するなど、反社会的勢力対策を講じている。

一方、大阪府はIR誘致を予定している夢洲への警察署設置や警察職員の増員などで警察力の強化を図ったうえで、IR事業者と協力して治安・地域風俗環境対策に取り組むことになる。

世界的には、カジノができたからといって急激な犯罪増加などは見られない。メディアは反対派の懸念を伝えるだけではなく、こうした事実もちゃんと伝えてもらいたい。

外国人旅行者が増えても外国人犯罪は増えていない

「カジノができると海外からの旅行者が増え、外国人の犯罪が増える」という懸念も耳にする。しかし、これには根拠がない。

たとえば、2018年に大阪を訪れた外国人旅行者数は約1142万人（来日外国人旅行者全体の約4割）で、安倍政権発足前の2011年と比較すると全国の伸び率を上回り、約7倍の増加となっている（図1）。

しかしこの間、大阪府における来日外国人による刑法犯は、検挙・送致件数は減少傾向、検挙・送致人員は横ばいである（図2）。外国人旅行者が7倍に増えたにもかかわらず犯罪件数が減少、犯罪者数が横ばいということは、犯罪率は7分の1になったということだ。

図1　来阪外客数の推移

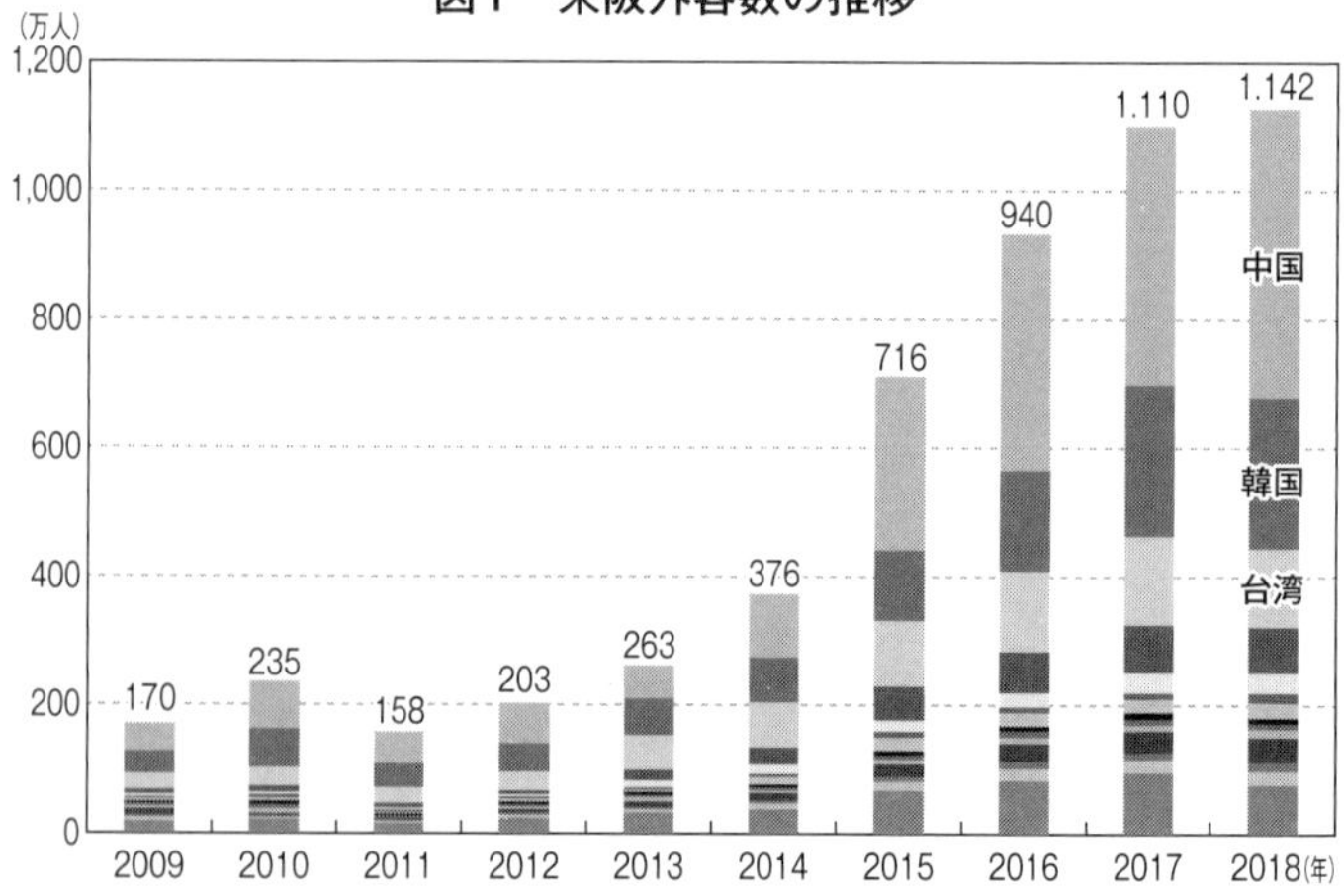

※JNTO「訪日外客数」、観光庁「訪日外国人消費動向調査」をもとに推計
訪日外客数×大阪府の訪問率(国ごとの訪問率で計算)
出所:大阪観光局(2020年7月)

図2　大阪府における来日外国人刑法犯の推移

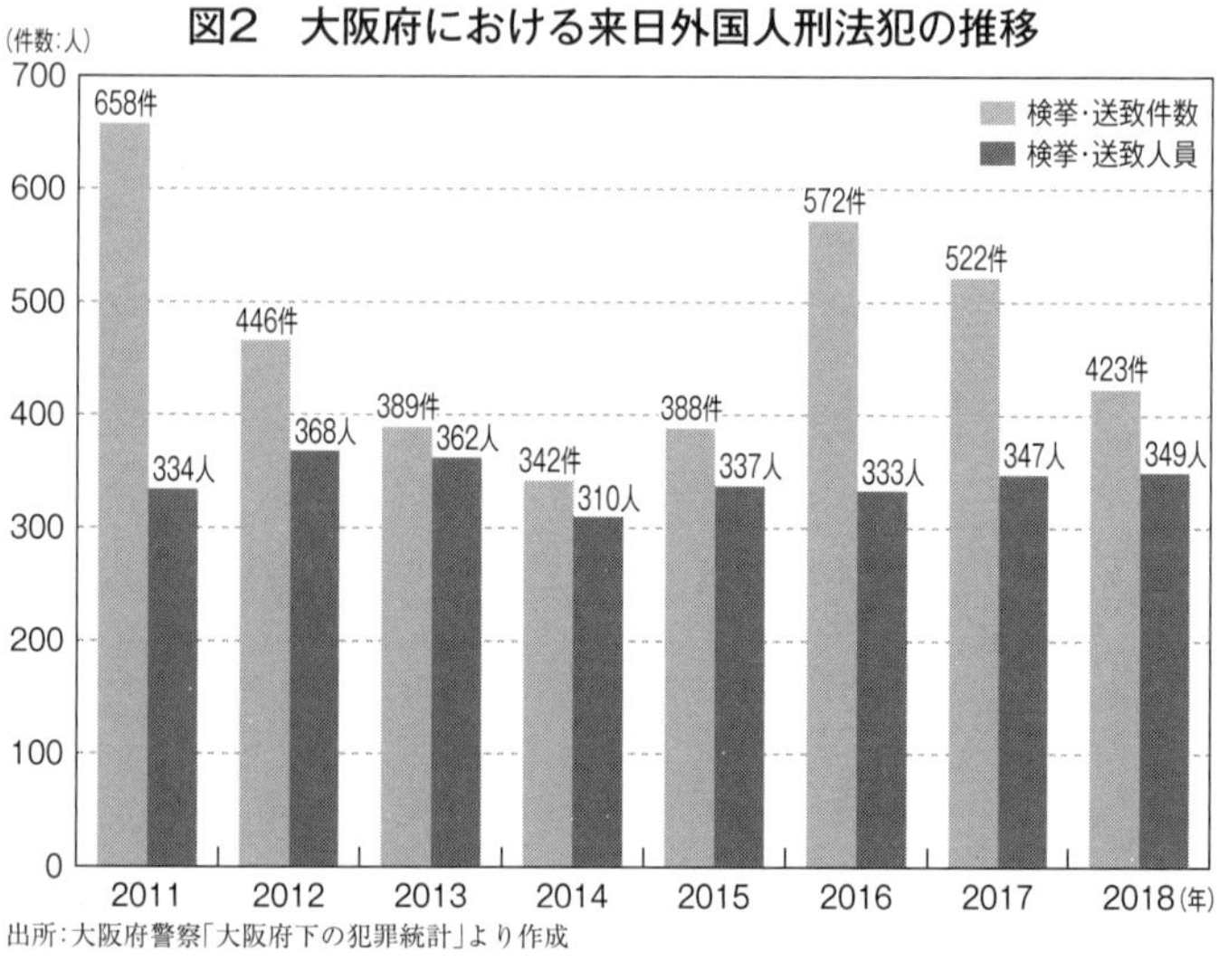

出所:大阪府警察「大阪府下の犯罪統計」より作成

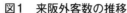

「外国人旅行者が増えると外国人犯罪が増える」というのは、根拠のない偏見にすぎない。

実際、コロナ前のインバウンドがピークの頃でも、外国人旅行者が犯罪を起こしたというニュースは、ほとんど聞いたことがない。せいぜい飲食店の行列に割り込んでトラブルになったといった些事《さじ》が話題になる程度だった。

犯罪目的で日本にやってくる外国人というのは、元々それほど多くないのだと思う。それでも、もし「外国人旅行者が増えたら、外国人の犯罪が増えた」という事実がデータから明らかになったとすれば、政治がまずなすべきは、犯罪の起こりにくい街づくりであって、外国人旅行者の入国制限ではないと私は考えている。

安倍政権下のインバウンド急拡大については、こんな裏話がある。2012年の第二次安倍政権発足前、毎月の懇談で私と菅義偉さんが話していたときのこと。「日本経済のパイを大きくしていくうえで、『観光』がキーワードになる」という点で2人の意見が完全に一致した。

それで私が「インバウンドを増やすには、ビザの緩和が最も重要だ」と申し上げたら、菅さんも「それはわかってる」とおっしゃっていた。ところが当時、ビザ緩和に最も反対していたのが、警察庁と法務省だった。理由は「犯罪が増えるから」だという。

その後、菅官房長官は警察庁と法務省の反対を押し切って、ASEAN諸国と中国からの旅行者に対するビザ発給要件を緩和した。このとき菅官房長官は反対する省庁の幹部を一喝されたそうだ。

「犯罪が増えるというなら、それを取り締まり、抑止するのが君たちの仕事だ」

安倍総理と菅官房長官の英断によって、その後のインバウンドの爆発的増加が起こった。外国人による犯罪は増えていない。

できない理由を並べ立てて、必要な改革を拒む勢力はどこにでもいる。だから、政治家には「喧嘩力」が求められるのだ。

アジア断トツの「観光経済圏」をめざして

大阪がIR誘致に成功すれば、開業後、試算では大阪府・市は毎年約1060億円の納付金・入場料収入をIR事業者から得ることになる。

ところが、「国や大阪府・市がギャンブルの売り上げをあてにするなど、もってのほか。情けない」と批判する人がいた。私は唖然《あぜん》とした。

日本の公営競技（競馬、競輪、競艇、オートレース）は、競技場を持つ自治体の有力な収益源となっているし、公営ギャンブルの一つである宝くじの売り上げも、全国の自治体に交付され、公共事業などに使われている。

なぜＩＲだけが非難されるのだろうか。財源を増やす努力もせず、財源がないからと必要な施策を先送りすることのほうが、自治体の長として問題だと私は思うのだが。

私は「我々政治家に百点満点を求められても困る」と、これまで訴えてきた。結局、政治家や首相・首長といった行政側の長ができるのは、税金の使い方を決めることだけなのだ。その税金が足りないとき、政治家はどうやりくりしても、誰かしらに叩かれる。

人口が減っていくなか、日本人だけを相手にして税収を増やそうとするなら、増税するしかない。人口が増え、経済のパイが拡大していた高度成長期には、税収は自然に増えたが、もはやそれは望めない。これから、日本人からの税収は減らざるをえないだろう。

消費税が導入され、元々3％だった税率は10％になった。それでも増え続ける社会保障費を賄うには全然足らない。では、次の世代にツケを回さないために、消費税を20％、30％に上げるのか。しかし、それでは次の世代どころか、いまの世代の暮らしが立ち行かなくなる。

では、どうすればいいのか。そこで知恵を振り絞って、内外の余裕のある方々が喜んで税収増に協力してくれる仕組みをつくるのが、我々の最も重要な仕事だと私は思っている。そして、その仕組みづくりが、ＩＲの誘致であり、観光という成長産業の振興なのである。

先述のように、コロナ前の２０１８年には、およそ１１４２万人の外国人旅行者が大阪に来てくれた。これは来日外国人旅行者の約４割にあたる。その人たちが１人当たり10万から15万円使って、食事をし、ホテルに泊まり、買い物をしたとして、１年間でおよそ１兆５０００億円が大阪で消費されたことになる。大阪の経済は活気づき、多くの飲食店、小売店、ホテルが売り上げを伸ばした。売り上げが伸びれば税収も増える。外国の方々が喜んで日本・大阪の税収増に協力してくれたわけだ。

大阪はアジアの中で圧倒的トップの「観光経済圏」を形成していくべきだと私は思っている。ＩＲというのは、そのために必要なパーツなのである。

第4章

政治家の喧嘩力

菅義偉選対副委員長との出会い

大阪府議会議員になった2003年4月から、大阪市長を退任した2023年4月までの20年間、私は議員として、あるいは首長として政治に携わってきた。振り返ればこの間、じつに多くの人たちとの出会いがあった。

まず、菅義偉・前総理。私が初めて菅さんとお会いしたのは2008年1月、橋下徹さんが自民党推薦で立候補した大阪府知事選挙のときだった。

当時、勢いづく民主党を前に、自民党は厳しい状況にあった。第一次安倍晋三政権下で実施された前年7月の参議院選挙で大敗を喫し、参議院第一党の座をすでに民主党に奪われていたのだ。

短命に終わった安倍政権を継いだのは福田康夫政権。12月に行なわれた大阪市長選は、参院選後最初の大型選挙ということで注目された。しかし、ここでも自民党・公明党推薦の現職・關淳一さんが民主党・国民新党推薦の平松邦夫さんに敗れてしまう。大阪の自民党は組織としてのまとまりを失い、党が推薦した關さんではなく、他候補を応援する者やサボタージュ（何もしない）者がいるなど、市議団もバラバラな状態だった。

退勢に歯止めがかからない自民党本部は、選挙対策副委員長の菅さんを大阪に送り込んできた（当時の選対委員長は古賀誠氏）。党本部としては、市長選に続いて府知事選でも負ければ、本当に政権まで失いかねないと危機感を募らせていた。

当時は自民党府議団の政調会長、大阪府連青年局の幹事長でもあった私は、府知事選では実働部隊として活動していた。それで選対副委員長の菅さんから「大阪の自民党は組織としてまとまっていない。市長選で負けたが、府知事選挙は大丈夫なのか」と聞かれて、「この府知事選は府議団でまとまっています。必ず橋下さんを勝たせます」と答えた。それが菅さんと話した最初だった。

結果は、橋下さんの圧勝だった。しかし、自民党の退勢、民主党の隆盛という流れを変えることはできず、翌2009年8月の総選挙で自民党は大敗、民主党政権が発足し、自民党は下野した。

橋下さんの知事就任後も、総務大臣経験者の菅さんには霞が関との人脈を生かして官僚を紹介していただくなど、何かとお世話になった。

私はその後、自民党を離れ、2010年4月に橋下さんと「大阪維新の会」というローカルパーティ（地域政党）を立ち上げる。翌2011年11月、橋下さんとW選挙を仕掛け、私は大阪府知事に就任した。

直後の2011年12月、菅さんから「一度、東京に来ませんか？」というお誘いを受けた。

大阪都構想に必要な法律づくりを主導

東京に出向いた私と菅さんは食事をしながら、いろいろ語り合った。とくに私が力説したのは、「大阪を立て直すために、大阪都構想を実現したい」ということだった。「大阪府と大阪市は反りが合わない。背中合わせでいつも対立している。二重行政の無駄も多い」と、「府市合わせ」についてお話しすると、菅さんは総務大臣を経験されているだけあって、大阪の事情にも通じておられるようで、「大阪市は内向きで組合支配がひどいよね」といわれた。実際、橋下市長になるまでは、大阪市の昇級試験を受けるには組合の承認が必要だった。

また、菅さんは横浜市議会議員の出身なので、政令指定都市の問題について詳しく、「大阪市の職員数は、横浜市から見ても多い」ということもご存じだった。

２０１０年当時、横浜市の人口は約３６２万人で職員は約２・６万人だったが、人口約２５３万人の大阪市はおよそ３・７万人も職員がいた（総務省データより、義務教育職員数を除く。２０１７年に小中学校教諭の所属が都道府県管理から政令指定都市に移管されたため）。２０２１年の比較では、横浜市の人口は約３７５万人で、職員は約２・８万人。人口約２７３万人の大阪市はおよそ２・３万人に減少している（同、義務教育職員数を除く）。

菅さんも大阪府と大阪市の二重行政の問題についてよく理解されていて、大阪の行政のあり方は変えるべき、と考えていた。

なので「二重行政を解消するには大阪都構想しかありません」とお話ししたのだが、当時はそのための法律がなかった。政令指定都市である大阪市をなくして、東京都のような特別区を設置するための法律をつくらなければ、賛否を問う住民投票までもっていけない。そこで、そのための法律づくりに協力していただきたいと菅さんにお願いしたところ、「じゃあ、それやろうよ」となった。

実際、菅さんは特別区を設置するための法整備を進める自民党のプロジェクトチームの座長を引き受けてくださった。菅座長のもとで、堺屋太一さんなどの知恵を借りながら、自民党案を取りまとめることができた。

民主党やみんなの党など他会派も同様の法案を提出し、最終的に一本化された法案が共産党と社民党を除く超党派の7会派によって共同で国会に提出された。こうして2012年8月、「大都市地域における特別区の設置に関する法律」（通称「大都市地域特別区設置法」）が可決・成立した。

じつはW選挙後、大阪維新の会は都構想実現に必要な法律をつくるため、国政政党をつくり、議員を国会に送り込むと発表していた。とはいえ、この時点では維新に国会議員が1人もいなかった。そんな時代に、我々が望む法律をつくることができたのは、率先して法案づくりに協力してくださった菅さんのおかげだ。

私は菅さんより16歳若く、政治家としてのキャリアも16年ほど短い（菅さんが横浜市議会議員に初当選されたのは1987年）。しかし、「日本をなんとかしなければならない」という強い思いでは一致していた。以後、毎月1回、菅さんが大阪に来られて2時間程度、その時々の課題について意見交換をするのが恒例となった。

当時まだ、菅さんは野党の無役の一国会議員だったので比較的、時間に余裕があった。菅さんからいきなり「明日ちょっと大阪に行こうと思うんだけど、知事、時間ない？」というメールが届く。公務のスケジュールが詰まっていて「ちょっと時間が……」と私が躊躇していると、「1時間でいいから」といわれ、秘書と話し合って「それなら3時から4時までだったら大丈夫ですよ」「わかった、では明日」という具合で、面談が決まったこともある。

そのようにして月に1回、府庁近くのシティプラザ大阪というホテルの会議室で、コーヒーを飲みながら（菅さんは甘いもの好きなので、ケーキも食べながら）約2時間、さまざまな話題について話し合った。3カ月に1回ぐらいは私が東京に行った際、食事をしながら話し合ったこともある。

菅さんは政治家としての経験が豊富で、総務大臣として行政の長も務められていた。お会いするたびに政治家として発見があり、いろいろ勉強になった。

自民党政権よりひどかった民主党政権

前述のとおり私はもともと自民党にいたのだが、政権交代前、長期政権の慢心で緩み切った自民党には正直、うんざりしていた。既得権益を手放さない族議員を見るにつけ、民主党が清新に映ったのも事実である。

「一度、民主党に政権をやらせてみたらいいんじゃないの」という声が多かったのも、わからなくはなかった。

だが、2009年に誕生した民主党政権は、自民党政権に輪をかけてひどかった。政権交代前には理想的なことばかりいっていたのだが、政権を取るや、民主党は次の選挙の政権維持しか考えていないことがハッキリした。

地方行政の運営には、たとえば大阪府庁・大阪市役所と霞が関の中央省庁という行政組織同士が直接、協議しながら物事を進めていく、ということがどうしても必要な場面がある。ところが民主党政権では、まず地元の民主党組織を通じて申し込まなければ、行政同士の協議ができない仕組みになっていた。

大阪府知事の私が財務省や総務省と協議したい、と考えても、地元の民主党府議会議員の紹介がなければ会ってもらえない。しかも民主党の地元組織がまずつなぐのは、民主党本部の幹事長室である。幹事長室が了解してから、やっと役所同士の話ができるのだ。

そして民主党の幹事長室で出るのは、もっぱら選挙の話。要するに「松井知事、次の総選挙で民主党を応援してくれますか?」と、踏み絵を踏まされる。こういう下衆《げす》なやり方が罷《まか》り通っていた。これでは民主党ではダメだ、と感じた。

民主党の鳩山政権では事務次官会議を「官僚支配の象徴」として廃止し、徹底した官僚排除を進めていたが、これが民主党のいう「政治主導」の実態だった。しかも政治主導といいながら、党内では鳩山由紀夫グループ、小沢一郎グループ、菅直人グループの綱引きで結局、何も決められない。「決められない政治」という点では、政権交代前の自民党以下だった。

こうして２００９年９月の政権交代後、何も決められない鳩山由紀夫内閣、菅直人内閣と短命内閣が続く。２０１１年９月には民主党政権３代目の野田佳彦内閣が発足した。現状では日本が立ち行かなくなる、と感じた議員の一部から「自民・民主の大連立政権もやむなし」という声すら出るようになり、自民党内には大連立を容認する向きもあった。

２０１１年12月に東京で菅さんと会ったときも、このまま民主党政権が続いたら日本がガタガタになる、どうすれば日本を救えるのか、という話題になった。私が「自民と民主の大連立なんていう大政翼賛会みたいな話、絶対おかしいですよ」と申し上げると、菅さんも「そんなものは絶対にやらせない」と明言していた。しかし残念ながら、当時の菅さんは自民党の本流から外れた無役の一議員にすぎなかった。

当時の自民党総裁は再選に意欲を見せる谷垣禎一さんで、他の総裁候補を見ると石原伸晃さんや石破茂さんが取り沙汰されていた。しかし、私と橋下さんが期待していたのは「安倍晋三さんの再登板」だった。

大阪維新の会は2012年3月に大阪府教育基本条例を、5月には大阪市基本条例を制定する。これは第一次安倍政権が行なった教育基本法改正を受けた条例であり、安倍総理が最後までやり切れなかった教育改革を引き継ぐものだった。

大阪維新の会は同条例の中で、教育の方針は知事・市長と教育委員会が協議して決めるが、意見が一致しないときは首長の教育目標を議会に提案できる規定を盛り込んだ。この規定が「教育への政治介入」とされ、『朝日新聞』『毎日新聞』はじめマスコミに激しく叩かれた。教育委員も抗議の列に加わって結局、全員が辞任することになる。

しかし私や橋下さんは考えを変えなかった。「戦後レジームからの脱却」を掲げた第一次安倍政権の方向性は一切、間違っていない。目標を諦めることなく追求すべきで、実行できるのはやはり安倍さんしかいない、と思っていた。

私は菅さんに「もう1回、安倍さんが政権をやるべきでしょう」と申し上げた。

菅さんが「松井さん、本気でいってるの?」というから、「いや、僕は本気ですよ。日本のためには安倍さんの再登板しかありません」。すると菅さんは「いや、僕もじつはそうなんだよねえ」と同意された。

菅さんが月1回、大阪に来られて私と意見交換するようになったのは、この安倍さんの再登板をめぐる意気投合によるところが大きかったと思う。

「安倍さんを日本維新の会代表に」

２０１１年末の時点で、安倍さんに復活の目があると思っている人は、ほとんどいなかった。２００７年9月に体調不良で政権を投げ出したとき、安倍さんの政治生命は終わったと思われていた。自民党の中にも、突然の辞任を無責任だと批判する人たちが数多くいた。しかも、体調不良の原因が、完治が困難な潰瘍性大腸炎という難病であることも、のちに明らかになっていた。

おそらく安倍さんご本人も、再登板は考えていなかったと思う。自民党の世論調査でも安倍さん再登板への期待値は低かった。当時、期待値が高く、本命視されていたのは、鳥取県選出の石破茂さんだった。

しかし、我々は諦めていなかった。橋下さんや私は繰り返し、「もう一度、安倍さんがやるべき」というメッセージを大阪から発していた。

２０１２年2月には、遠藤敬（現・衆議院議員、国対委員長）さんのセッティングで、大阪で開催された日本教育再生機構主催のシンポジウムに安倍さんが来られた。私と対談を行なったあと、居酒屋で開いた慰労会の席上、「安倍さん、もう一回頑張ってくださいよ」と本人に申し上げた。

さらに、国政政党「日本維新の会」の立ち上げに向けて、私と橋下さんは安倍さんを代表に据えられないか、ひそかに考えていた。橋下さんは大阪都構想を実現するという公約を掲げて大阪市長に就任し、私は大阪府知事になったばかりだから、いずれも国会議員になることはできなかったこともある。

当時の世論調査では、自民党はダメ、民主党はもっとダメというのが民意で、大阪維新の会の支持率が自民、民主と拮抗しており、民主党を上回ることもあった。もし安倍さんが日本維新の会の代表になれば、総選挙でいい戦いができると我々は考えていた。

私は菅さんに「自民党で安倍さんに総裁の目がないなら、安倍さんが日本維新の会の代表に、菅さんが幹事長になってください。それで、総選挙で勝負をかけましょう」と持ちかけた。菅さんは「本気でいってるの？」と、さすがに驚いていたが、私も橋下さんも本気だった。

しかし、安倍さんは自民党を出ることを承知しなかった。ならば再び自民党で総裁をめざそう、と菅さんは説得したが、安倍さんは頑として応じない。9月に予定されている自民党総裁選では、清和会の重鎮・森喜朗さんにいわれるまま、石原伸晃さんを応援するつもりだという。菅さんは「それは絶対にダメ。あなたがやるべきだ」と言い続けた。

これが2022年9月27日、菅さんが安倍さんの国葬で友人代表として読んだ弔辞にある「銀座の焼き鳥屋の3時間」につながっていくことになる。菅さんは弔辞で次のように述べた。

「あなたは一度持病が悪くなって総理の座を退きました。そのことを負い目に思って2度目の自民党総裁選出馬をずいぶんと迷っておられました。最後には2人で銀座の焼き鳥屋に行き、私は一生懸命あなたを口説きました。それが使命だと思ったからです。3時間後には、ようやく首を縦に振ってくれた。私はこのことを菅義偉、生涯最大の達成としていつまでも誇らしく思うであろうと思います」

じつはある日、菅さんから電話があって「安倍さん、総裁選に出ないっていってたけど、出るって覚悟してくれましたよ」といわれたことがある。いま思えば、それが「銀座の焼き鳥屋の3時間」だったのだろう。

２０１２年9月26日の総裁選は実質、安倍さん、石破茂さん、石原伸晃さんの３人の闘いとなり、１回目の投票は地方で強い石破さんが党員票で1位を集め、議員票では石原さんが1位になった。党員票と議員票の合計では石破さんが1位、安倍さんが2位。議員票だけで行なわれた決選投票で安倍さんが石破さんを破り、逆転で安倍さんの総裁就任が決定した。ちなみに総裁選直後の9月28日には国政政党・日本維新の会が発足する。

そして12月16日の総選挙で自民党が大勝し、第二次安倍内閣が発足した。最初の国政選挙となった日本維新の会は、54議席を獲得していきなり第三党となる（選挙前の議席は他党から合流していた11議席）。大敗した民主党の57議席とは、わずか3議席の差だった。

じつは終戦の日の同年8月15日、私が安倍さんに代表就任を申し出たことがメディアに知られて、「維新、安倍氏に合流を打診」と大きく報じられたことがある。安倍さんは靖国神社に参拝後、記者団にその事実を否定せず、「教育や憲法改正について、維新の会の力を生かしていく道を考えたい」と述べ、連携に前向きな姿勢を示してくれた。

当時、風雲児の橋下さんを扱える国会議員はいない、といわれていた。その橋下さんが頭を下げて安倍さんに維新への参加をお願いしてきたこと自体、衝撃的なニュースだった。以後、安倍さんへの注目度が俄然《がぜん》、高まっていく。

最初は総裁選に勝てるとは思っていなかった安倍さんも、メディアへの露出が増え、自民党の国会議員の態度が変わるとともに、徐々に自信を深めていった。もしかすると維新と安倍さんの接近が、総裁選での安倍さんの勝利に一役買ったのかもしれない。

その意味で、安倍さんと菅さんの維新への合流こそ実現はしなかったが、我々の打診は無駄ではなかったと思っている。安倍さん、菅さんと私の交流は、その後も続くことになる。

「我々はもう少し大人の政治をします」

2012年12月26日、第二次安倍晋三内閣が発足、菅義偉さんが官房長官に就任された。その直前に東京で安倍さん、菅さん、橋下さん、私で忘年会を開いた。

「第一次安倍内閣が挫折したとき、安倍さんから離れていった人がたくさんいた。第二次内閣が始まったら、また寄ってくる人もたくさんいるだろう。前回、突然の辞職を散々批判していたのに、再登板したらちやほやする人も多いに違いない」――そういって私は、「周りは信用できない人ばっかりじゃないですか?」とお2人に尋ねた。

すると、菅さんがいわれた。

「橋下さん、松井さん、我々はもう少し大人の政治をします」

おそらく菅さんには、橋下さんや私のやっている政治が子供っぽく見えていたのだろう。すぐに敵をつくってしまうところや、何かと喧嘩腰になりがちなところなど。その点、たしかにいま思うと第二次安倍政権の政治は「大人の政治」だった。

もちろん「みんな仲良く、喧嘩せず」を旨として、何も決められない政治を大人の政治とはいわない。安保法制の整備など、歴代政権が戦うことを避けてきた重要政策を、安倍政権はいくつもやり遂げている。安倍さんも菅さんも、喧嘩をしないわけではない。ただ、菅さんと安倍さんは我々よりも喧嘩の仕方が上品だった。

だからこそ、安倍政権はこのあと7年8カ月も続いたのだろう。ただし安倍さんは当初、3年を一つの目標にしていたとおっしゃっている。

小泉純一郎内閣が5年間続いたあとは、第一次安倍内閣、福田康夫内閣、麻生太郎内閣、鳩山由紀夫内閣、菅直人内閣、野田佳彦内閣と、すべて1年で総理が交代している。だからサミットに行っても、他国の首脳から相手にされなかった。

ドイツのメルケル首相は「日本は毎年、首相が代わるので儀礼的な挨拶しかできない」と語ったという。安倍総理は、次のサミットに戻ってきた久しぶりの日本国首相だったわけである。だから安倍さんは、他国の首脳と対等に外交ができるよう在任3年を一つの目標として置いた、とおっしゃっていた。

それが2012年12月26日から2020年9月16日まで、連続在職日数が2799日という歴代総理のなかで最長記録を達成する。当時は予想もしなかったことだ。

我々4名による忘年会も以後、恒例となり、2019年の暮れまで続くことになる。ただし、2018年の忘年会に安倍総理は出席されなかった。2019年4月に統一地方選挙（大阪府議会議員選挙と大阪市議会議員選挙）があるので、自民党総裁が大阪維新の会の現トップおよび前トップと会食するのはやめてくれと、大阪の自民党が安倍総理に情けない申し入れをしたからである。

総理の行動は主要メディアの「首相動静」欄などで、どこで誰と会ったかが分刻みで公開される。さらに忘年会の会場となる店の外には、東京と大阪のメディアが待ち構えており「どんな話をしたんですか？」と声をかけられる。大阪の自民党としては、安倍総理が大阪維新の会を応援しているかのように映る行動は控えてほしい。律儀な安倍総理は出席されず、2018年は菅官房長官と橋下さん、私の3人だけの忘年会となった。

「恐れられ、リスペクトされる」存在へ

安倍さんや菅さんの日頃の態度を見て、思うことは多い。最たるものは、リーダーの周囲への接し方である。

人が見ている前で役人を大声で罵倒したり、威圧的な態度でスタッフに理不尽な命令をしたりするパワハラ政治家はいくらでもいる。彼らは内心、自分が恐れられていると思っているだろう。

だが、じつは恐れられてはいない。ただ「疎まれている」だけなのだ。それが「喧嘩の下《へ》手《た》な」政治家の特徴である。

一方、周囲に恐れられてはいるが、同時にリスペクトされてもいる政治家がいる。彼らは一様に「喧嘩が上手い」。その代表が菅義偉さんだと思う。

菅官房長官といえば、人事権を使った官僚掌握術で最強の官房長官と恐れられていたのは有名な話である。しかし、ただ恐れられるだけの存在が、7年8カ月の長きにわたって安倍政権を支えられるものではない。日常の立ち居振る舞いや言動を通じて、畏敬の念を集めて

いたはずだ。

じつは私も、菅さんに一喝されたことがある。先述の、安倍総理が出席を控えた２０１８年の忘年会での出来事である。橋下さんと私は、菅さんと向き合って会食していた。

これも先述したとおり、この当時、２度目の大阪都構想の住民投票をめざしていたが、大阪の公明党が反対しており、実現が見通せなかった。知事選で大阪都構想の実現を公約に掲げて当選した私にとって、それは有権者に申し訳が立たず、実現できなければ政治家の職を辞する覚悟だった。そのことを恩義のある菅さんにまず伝えようと思った。

私が大阪都構想について「任期満了までに住民投票ができなかったら、政治家を辞めます」というと、菅さんは突然テーブルを叩いて激怒した。

「政府は大阪に協力してきましたよね。万博はどうするんですか？　日本のため、大阪のために一緒にやってきましたよね。それならもう知りませんよ」と声を荒らげた。一瞬でその場の空気が凍りついた。私は俯《うつむ》いて「少し時間をください」というしかなかった。あの橋下さんでさえ、何もいえなかった。初めて見る菅さん、そして橋下さんの姿だった。

しかし叱られたからといって、菅さんを尊敬する気持ちに変わりはなかった。

菅さんの怒りは、「そう簡単に諦めるな」という叱咤激励《しったげきれい》だったと思う。先述したとおり、

菅義偉官房長官（当時、前列中央）、吉村洋文大阪府知事（同右）と著者（同左、2019年、G20の会場「インテックス大阪」にて、写真提供：時事）

私は菅さんとの面会を経て、2019年4月の統一地方選に合わせて、大阪市長だった吉村洋文さんと知事・市長を入れ替わる「クロス選」の実施を決意する。当時、知事の任期は19年11月。知事選と市長選を統一地方選に合わせることで選挙事務の経費を抑えることも一つの理由だったが、ただ辞職しての「出直し選」ではなく、クロスにすることで私と吉村さんの大阪都構想にかける本気度を府民に訴えようと思ったことも大きかった。そのことを菅さんに改めて報告すると、菅さんは「おもしろいことを考えるねぇ」と笑ってくれた。

必要なのは政治家の決断力

大阪府知事、大阪市長という強い権力を持った立場として「松井はパワハラで職員を動かしている」と思っていた人がいるかもしれない。だが、そういうことは一切ない。現在、大阪府も大阪市も情報公開請求や住民監査請求の制度が整備されているが、どれほど探しても私のパワハラを確認することはできないだろう。なぜなら、そもそもそんな事実がないからだ。大声を出して威圧したり恫喝したりするのは、高校生まで。いい歳をした大人がすることではない。

威圧して人を動かそうとしても、疎まれるだけである。そういう人に限って、仕事ができない。市長の仕事は組織を動かすこと。大勢の職員に動いてもらわなければならない。したがってやはりある程度、リスペクトされ、少しだけ恐れられる存在でなければならない。愛されてかつ恐れられる、このバランスが必要だと思う。

役所に勤めるのは皆、違う個性をもつ大人の人間である。脅しや給与だけでは動かない。自分の仕事が正当に評価されてこそ初めて動く。リーダーには働く人たちの心理を思いやる意識が求められる。

役人は尊重しつつも、最終的な決断を下すのは、公務員試験を通った人ではない。あくまでも選挙で選ばれた政治家である、というのが民主主義のルールである。

読者の皆さんの参考までに、私の命令の仕方と決断の仕方を紹介したい。知事や市長として何かを指示するとき、その命令が必要な根拠と、その命令を遂行することが可能である根拠をしっかり説明した。

次に、その命令に対する担当者の意見、担当者がその命令のメリットとデメリットについてどう考えているかをとことん聞く。反対意見も漏らさず聞く。そのうえで、最終的に自分で決断することにしていた。

たとえば大阪市は、２０２０年度から市内の市立小中学校の給食費を無償化している。全国の政令指定都市では初めての施策である。小中学校の給食費を無料にしようという話は、部局から上がってくるものではない。トップダウンで私が命じた。

私はまず、給食費の無償化が必要な根拠を示した。当時、明らかだったのはコロナ禍により、子育て世帯の家計が大打撃を受けている、という事実だった。

子育て世帯には共働きの家庭も多い。だがコロナ禍で仕事が激減した結果、給食費負担が家計を圧迫する家庭が増えていた。それらのデータに基づき、無償化の必要性を明確に示したのである。

次に、無償化のための財源を示した。大阪の場合は、給食費無償化に約80億円の財源が必要なのだが、単年度の収支を見ても十分継続できる黒字体質になっていた。だからできると、無償化が可能な根拠を示した。

たとえば、ある首長が人気取りや自己満足のために、財源不足にもかかわらず給食費無償化を命じたなら、それに反対する部署が出てくるに違いない。しかし、無償化が必要な根拠とそれが可能な根拠をちゃんと説明できれば、役人は動く。

こうして大阪市では、2020年から当面22年までの給食費無償化が実現した。そして3年間、無償化を続けてきても財源は毎年黒字だった。私はこの施策が継続可能であると判断して、2023年以降も恒久的に無償化を継続すると決断した。

大阪市の職員が一番嬉しいのは、住民から「大阪市、ほんと有難いわ。ありがとうね」と喜んでもらうことだ。それが公務員の一番のやり甲斐につながる。

公務員の多くは、公に尽くしたいと思って入庁する。ところが、入庁して先輩を見ているうちに保身優先、前例踏襲、発想力の退化という体質に変わってしまう。でも基本は公僕として住民から喜ばれたいのだ。

給食費の無償化や私立高校授業料の無償化は、我々政治家ではなくて、大阪府庁の職員、市の職員が感謝されている。これが役所の職員一人一人の仕事に対するモチベーションにつながっている。

第一次と第二次の安倍晋三総理は別人だった

先述のように、2012年12月、第二次安倍政権が発足するとき、菅さんは「我々はもう少し大人の政治をします」といわれた。この「大人の政治」は、「決められる政治」と言い換えることができると思う。第二次政権の安倍総理は、第一次政権（2006年9月26日～2007年9月26日）の安倍総理とは別人と思えるほどに違っていた。第二次安倍政権は、「決定していくこと」に非常にこだわった政権だと思う。

第二次政権は、与党の影響力を可能な限り排除し、官邸主導を徹底する「政高党低」の政権で、安倍一強体制が確立していた。第一次政権の崩壊という地獄を見たからこそ、安倍総理は変わったのだと思う。

これは安倍総理自身から聞いたのだが、第一次政権では、自身の力ではなく、小泉純一郎さんの後ろ盾で総理になれたものだから、党内でリスペクトする人も少数だったという。非常にやりづらかったと思う。なかでも一番苦手なのが、片山虎之助さんだといっていた。

閣議の頭撮りのとき、総理が入ってくると閣僚が全員立ち上がって直立不動で総理を迎える。そのときの雰囲気が、第一次と第二次ではまったく違っていた。第一次政権のとき、安倍総理はまだ52歳だった。妬み、やっかみに満ちた政治の世界で、52歳の総理を自分たちのリーダーとして心底リスペクトできない人も多かったのだと思う。

それだけに、自分に近い政治家ばかり入閣させた「お友達内閣」と批判されていた。第一次政権が行き詰まった要因の一つは、要するに安倍総理の若さだった。

もう一つの要因が病気だった。２００７年9月の辞任当初、詳しい病名は公表されていなかったが、のちに指定難病の「潰瘍性大腸炎」であることが明らかになった。

前述のように２０１２年12月末、いよいよ第二次政権が発足するというときに、安倍さん、菅さん、橋下さんと私は忘年会を開いた。そのときの安倍さんは意気軒昂《いきけんこう》で、お酒もよく飲まれていた。

私は「総理、お酒が進んでいますが、例の難病の大腸炎、大丈夫ですか」と尋ねた。そのとき安倍さんがいわれたのは、第一次安倍政権時にはアサコールという潰瘍性大腸炎の特効薬がまだ日本では承認されていなかったのだが、総理辞任後に日本で承認されて使えるようになり、それで劇的に症状が改善したということだった。

ただ、第一次政権のときもアメリカではアサコールがすでに承認されていて、効果があることがはっきりしていた。安倍総理周辺の医者のなかには、アメリカでこの薬を使ったらどうか、という話があったらしい。

そこで、在任中にアメリカでアサコールを使った治療をするという選択肢はなかったのか尋ねてみた。すると安倍さんは、「日本の総理大臣が、日本で承認されていない薬は使えないよね」といわれた。義理堅いというか、律儀というか、いかにも安倍さんらしいと思ったことをいまも鮮明に覚えている。

いずれにせよ、安倍さんは日本で承認された特効薬で健康を取り戻した。第二次政権発足を前に気力、体力とも非常に充実しているといっていた。菅さんが官房長官に就任することが、その気力の部分を支えていたのだと思う。

若さと病気のために存在感を示すことなく第一次政権は崩壊したが、第二次政権では、安倍総理は絶対的な存在感を持つリーダーとなった。そして、その存在感を支えていたのも菅官房長官だった。

安倍総理も菅官房長官も、ブレない人だった。スパイ防止法や安保法制など、国論を二分するような大激論になっても、決めればブレずに突き進み、やり遂げた。

安倍総理は約束を必ず守ってくれた。いったことは守る。できないことははっきり「できない」と返事をくれる。

私は地方議員と首長、合わせて20年間政治の世界にいたが、この世界、昨日言うことと今日言うことと明日言うことがブレまくる人たちの巣窟だった。とにかく言うことがコロコロ変わる、風見鶏が多数派だった。そんななかで安倍さん、菅さんのまったくブレない姿勢はじつに見事だった。

先ほど引用した国葬の弔辞で、菅さんは安倍さんを総裁に出馬させたことを「菅義偉、生涯最大の達成としていつまでも誇らしく思う」と述べられた。まさにその通りだろう。安倍さんを再び総理にし、その全在任期間を官房長官として政権を支えた政治家・菅義偉の功績は計り知れない。余人をもって代えられない要《かなめ》の仕事を、目立つことなく着実にこなしていた。

安倍政権から菅政権に代わったあとのこと。安倍総理の退陣は、コロナ禍で休みなく働いた。

たストレスから持病が悪化したことが理由であり、私は少しでもストレスを発散してもらいたいとの思いから、退陣後に好きなゴルフでリフレッシュされることを願いゴルフボールをプレゼントした。

後日、安倍さんからお礼の電話をいただいたときに「菅総理なら後を任せて安心だが、菅総理には菅官房長官がいないんだよね」とおっしゃった。安倍さんの偽らざる感想だったのだと思う。

その安倍さんはもういない。

私の携帯の留守電には安倍さんからの伝言メッセージが今も残っている。2022年3月の石川県知事選挙で馳浩さんが勝利したときに連絡をいただいたものだ。私は安倍さんの支援依頼も受けて、馳さんを党として推薦していた。

その声は弾んでいた。電話の向こうの笑顔も想像できた。しかし、安倍さんが亡くなってから、その留守電を改めて聞くことも、ましてや消去することもできずにいる。

これまで何度もお会いするなかで、若輩者の野党代表である私に笑顔で接してくださった懐の深さ、包容力は私の人生にとって大きな指針となっている。

最後に、いつもお呼びしていた「安倍総理」と言わせていただきたい。安倍総理、ありがとうございました。安らかにお眠りください。

日本の税金の使い方に腹が立った

私が政治の世界で過ごした20年間に出会った人物について語るとき、絶対に外せないのが橋下徹さんである。

私と橋下さんがなぜ政治の世界に入ったかといえば、答えは簡単だ。日本の税金の使い方に腹が立ったからである。この点は完全に、2人の意見が一致している。

橋下さんは高額納税者として、高い税金を納めても行政に無駄遣いばかりされることに怒りを覚え、そんな無駄遣いをされるのなら自分で政治を変えてやろう、と決意した。大阪府という組織と喧嘩をするため、知事になったといってもよい。

ただし、組織を改革するにあたって、長い時間をかけようという気持ちはサラサラなかったようだ。もともと知事になりたくてなったわけではないから、大阪府の仕組みを変えたのち、速やかに元の弁護士に戻るつもりだった。橋下さんが府知事をやるのはたぶん1期、長くても2期だろうと見ていた。

しかし橋下さんは、私の想像をはるかに超えるスピードで改革を進め始めた。第2章でも述べたように、橋下さんが大阪府知事に就任したのは、2008年2月である。役所というのは単年度主義で、4月から新年度が始まるわけだから、彼が就任した時点である程度、骨格予算が出来上がっていた。次の4月以降、新年度1年間のさまざまな施策に使われる予算であり、大阪の43市町村への補助金も含まれている。人件費などの義務的経費もあり、遅滞や縮減は本来、許されない。

すでに新年度予算が出来上がっている以上、橋下さんがいくら熱意を持って改革に取り組んだとしても正直、本来の橋下色が出せるのは翌年からだな、と思っていた。

ところが知事として初登庁した2月6日、橋下さんは新任挨拶で職員に対し、いきなりこういってのけた。「皆さん方は破産会社の従業員である。その点だけは、厳に認識をしてください」。つまり「覚悟しろよ」と、喧嘩を売ったのだ。

事実、橋下さんは就任直後に新年度予算をすべて凍結して暫定予算を組み、本予算は7月までに組み直すと宣言した。同年4月には、橋下さん直轄の改革プロジェクトチームが総額1100億円の歳出削減をめざす財政再建案を発表した。例外なくすべての分野で予算を見直すというプランで、福祉や教育の分野にもメスを入れていった。

私学の助成金も対象とされた。経常費助成、つまり私学の経営側への補助金を全面的に見直すというものである。

思い出すのは当時、テレビの討論会で女子高生が橋下知事に「私学助成が減額されると、私たち私学に行けなくなります」と訴えたことである。

橋下さんのそのときの返事がすごかった。

「私学に行けないのなら、公立に行きなさい」

その女子高生は泣いていた。

しかし結論を先回りしていえば、私学への経常費助成の見直しは、橋下流の既得権突破術だった。今に至るまで、全国自治体の私学助成は「経営側」を補助する、という考え方である。ところが、橋下さんのやり方は逆。経営側への補助をカットする代わりに「受益側」つまり生徒を補助するというものだった。

要するに「経営側は一生懸命、魅力ある学校をつくって学生が集まるようにしてください。多くの学生が集まるなら、人数に応じて経営補助を出します」という補助のあり方に変えようとしたのだ。従来は人が集まらない学校でも経営が成り立つように補助を行なっていたのだが、これからは魅力のある学校をつくらなければ経営が成り立たない。経営者にとっては厳しい改革だ。しかし経営側も努力を始めた結果、大阪における私学の人気は高まっている。

教育の受益者である子供たちに対し、私立高校授業料無償化という仕組みをつくった橋下改革は間違っていなかった。全国との比較でも、大阪の私立高校の入学希望者は突出して伸びている。

人間関係が苦手で議会対応に苦慮

橋下さんが私学や各種団体の運営費補助をやめる、と言い出したとき、大阪府庁の幹部職員は色めき立った。一挙に補助を切ると、私学のみならず各種の関連団体がすべて潰れてしまう、という理屈だった。

彼らは次々に自民党大阪府議団の政調会長だった私のところにやってきて、これではいままでやってきた教育や福祉が成り立たなくなると訴えた。市町村への補助金もいったん凍結したため、このままでは各市町村で医療や福祉が滞るという意見もあった。

私も当時は議会側の人間として、もし本当に福祉が受けられない、教育を受けられないという事態になれば大変なので、そこは非常に心配した。

しかし橋下さんはある意味そこは吹っ切れていた。やってみて失敗したらしょうがない、その時点で責任を取ればいいと覚悟していたのだと思う。私立高校が潰れたら、そのときは「ちょっと間違ってました」と政治家を辞めればいい、世の中から大バッシングされるだろうがそのぐらいは甘受すると覚悟していた。頭のねじが何本か外れた人でなければ実行できない挑戦だった。

橋下さんはそれぐらい大胆な外科的対応をしなければ、大阪は変わらないと確信していて、ブレずにやり切った。その姿を見ていて、私ももう少し時間をかけて、徐々に進めたほうが府民の理解も得られるんじゃないかと思っていた。しかし、それだけの外科的大改革をやり切ったからこそ、黒字体質のいまの大阪の財政状況をつくれたのだと思う。

それから橋下さんが改革を急いだのは、早く知事を辞めたかったという事情もあるだろう。当時は大阪維新の会のような、橋下さんを支える党派はなかった。自民党と公明党に協力をしてもらわなければ議案が通らず、改革も前に進まない。

それで議会の協力を得るために、橋下さんは重鎮議員の自宅を訪ねたり、一緒に食事をしたりして、面倒臭い人間関係を築こうとしていた。橋下さんが一番苦手なのが人間関係なのだが、彼なりに努力はしていたのである。

橋下さんは重鎮の議員たちと食事をしながら、理想論を語って協力を求めた。議員というのは会っているときは上手に理解した雰囲気を出してくれるものである。知事がせっかく説明しに来てくれたからと、検討まではするのだが、議会でいざ採決しようとすると、「急ぎすぎるのはよくない」と先延ばしされてしまう。議会の重鎮たちにとって、いままでやってきたことを一挙に変えようとする橋下改革は、これまでの政策に関わってきた自分たちを否定することにもつながりかねないからである。

議会の審議というのは本来、賛成か反対かで決着がつくはずである。ところが橋下さんの提案は「もう少し話し合おう」と採決もされず、先延ばしされていた。議会のそういうところに嫌気がさしていたのだと思う。

議員というのは選挙で選ばれているだけに、表には出さなくても、心の半分以上はメンツとプライドでできている。そこを理解したうえで、最後は議員一人一人の立場にも配慮しながら賛同者を増やしていくのが、議会対応のポイントである。橋下さんはそういう議会の人との付き合いが、本当に下手だった。

世の中すべてを敵に回してもやり切る橋下徹の覚悟

私と橋下さんには、大阪維新の会結成以前から共通点があった。どちらも既得権と「喧嘩」していたことである。簡単にいえば、橋下さんは役所の既得権と闘い、私は議会の既得権と闘っていた。

橋下さんが知事になった当時は、大阪府が財政的にガタガタの状態なのに、それまでの既得権は一切見直さず、同じような補助金や交付金の付け方をしていた。役人の天下り先となる団体や、橋下さん以前の知事の選挙母体、必要もないのにつくられた出資法人など、役所の利権が絡む各種団体に補助金や運営負担金をつけていた。この役所内の既得権に戦いを挑んだのが橋下さんである。

一方、既得権を守る応援団は、議会にもいる。その議会の既得権と戦っていたのが私である。どっちも既得権を守ろうとする勢力と喧嘩していたのだが、橋下さんはやはり注目されているので、知事になった直後から出資法人が運営する施設などを視察しては、カメラの前で補助金のあり方がいかにおかしいか、ズバズバ指摘していた。

そして先述のように、橋下さんは２００８年度予算をすべて凍結して暫定予算を組み、43市町村への補助金も一時停止した。その後、改革プロジェクトチームが発表した財政再建案では、市町村への補助金が79億円カットされることになった。これに府下43市町村長が大反発した。

第2章でも紹介したように、その後行なわれた橋下さんと43市町村長の意見交換会は、さながら「橋下吊《つ》るし上げ会」の様相を呈していた。橋下さんはテレビカメラの前で涙ながらに「大阪を立ち直らせたい。いま一度ご協力のほど、よろしくお願いします」と市町村長に頭を下げた。

その映像がテレビで流れるや、今度は43市町村長が府民から「橋下さんをなんで泣かすの」と袋叩きにされた。一部に「橋下ウソ泣き疑惑」も流れたほどで、もし本当なら、相当な策士である。

このように、橋下さんの既得権の見直しは府下の市町村にまで及んだ。聖域はなかった。たとえば、幼稚園や保育園への補助金まで全部見直すというので、幼稚園連盟や保育連盟が「橋下を止めてくれ」と議会の支持会派に訴える。するとその会派も応援してもらっている団体からの訴えなので、「そういう急激な改革はやめてくれ」と言い出す。

市町村をはじめ補助金を受けている団体、それらの団体の応援を受けている議会の会派など、あらゆる方向から「橋下を止めろ」という圧力がかけられた。

しかし、一切ぶれずに橋下さんは突き進んだ。

橋下さんは本気だと心底、感じたのがこのときである。世の中全部を敵に回してもやり切る覚悟を私は感じた。「この人、まともじゃない」と感じさせるほどに、彼は既得権と闘っていた。

いまでも橋下さんは新大阪駅に着くと、帽子を目深にかぶって人に顔がばれないようにしている。たしかに補助金カットなど、既得権の喪失を根に持つ危険人物がどこに潜んでいるかわからない。

だが彼が命懸けで荒療治を行なったからこそ、いまの私立高校の授業料無償化などが実現できたのだ。

ビルの30階からダイブするファースト・ペンギン

よく大阪維新の会や日本維新の会について「自民党の補完勢力」と批判する人たちがい

る。「自民党との違いがわからない」という声も少なくない。

ごく簡単に、違いを説明したい。既得権を守ろうとするのが自民党で、打破しようとするのが維新である。

私はもともと自民党の綱領のもと、自民党公認で地方議員になったわけだから、綱領や理念の部分ではいまも自民党と一致している。憲法改正は賛成だし、第一次安倍政権が掲げた「戦後レジームからの脱却」の理念も支持している。だからこそ安倍総理の再登板を応援し、その後も交流を続けたのは前述のとおり。

ただし、我々は自民党の既得権益体質とは絶対に相容れない。この部分では、自民党と徹底的に闘う。したがって既得権益を守るために、大阪都構想に反対する大阪の自民党とも闘った。

自民党は長い歴史のなかで、既得権を持つ各種団体と選挙時にがっちりとスクラムを組むようになった。当然、団体の利益にそぐわない制度改革には反対する。いまの時代に即した制度に改革しようとしても、できないのだ。

参議院選挙の比例区を見れば、そのことがよくわかる。自民党では、各種団体から組織内候補がどんどん出てくる。そうした候補たちは、団体の既得権を守るために立候補し、議員になっていく。

医師会や歯科医師会は自前の議員を自民党に送り込み、自分たちの権益を守っている。もちろん、支持団体を抱えているのは自民党だけではない。既成政党はたいてい支持団体を抱えている。だから既成政党では、既得権を打破することができない。

しかし我々維新には固定の支持団体がない。時代に合わなくなった古い制度を大阪で変えてきたのがその証《あかし》で、自民党との最大の違いである。

先述のように、橋下さんは大阪府知事就任早々、新年度予算を凍結した。暫定予算を組み、補助金・交付金を止めた。大阪の自民党も含め、教育・医療・福祉、あらゆる分野が大混乱して死人が出る、私立高校が潰れて、通っていた子供たちの行き場がなくなる、など非難の嵐だった。

あれから15年がたつ。潰れた高校はない。

私立高校の決算を見れば、すべて黒字である。私立高校に行く生徒の比率も大阪では増えている。なぜなら皆、金太郎飴《きんたろうあめ》で違いがよくわからない学校ではなく、特色のある高校に行きたいからだ。

以前は私立高校に行きたくても家庭の事情で行けなかった子供たちが、大阪では行けるようになっている。私立高校の授業料が完全無償だから、低所得家庭の子供も希望する私立高校に通えるようになった。

しかし、大阪でできた改革が、他の自治体ではできない。なぜか。全国の私学団体が自民党を支持しているからだ。私学団体が反対する補助金制度の見直しを、しがらみだらけの自民党が断行できるわけがない。

もっとも、支持母体の構成員が選挙で全員、自民党に投票するわけではない。もしそんなことが可能なら、維新の候補が当選できるはずがない。同様に、連合加入の組合員がすべて民主党に投票していたら、民主党がここまで負けるはずがない。

国民は賢明だ。自分の所属する団体幹部の声のまま、投票するわけではない。状況を自分で見極め、自分の判断で投票している。共産主義とは違う、民主主義のいいところである。だから、大阪は変われたのだ。固定の支持団体を持たない日本維新の会でも国会議員を増やせたのは、日本が民主主義の国だからである。

なぜ大阪が変われたかといえば、やはり最初に橋下さんが成功例を生み出したことが大きい。変えても大丈夫だと証明して見せたからである。もし失敗したら、そのときは自分が責任を取るという覚悟をもって、橋下さんは改革をやり切った。それが成功した。成功体験があるから、いま吉村洋文さんが知事として、思いきり改革を続けられるのだ。

橋下さんは最初にリスクをとったファースト・ペンギンだった。しかも、このペンギンが飛び込んだのは海ではない。ビルの30階から、小さいプールめがけてダイブしたようなものである。ちょっと風が吹けばコンクリートの上に落ち、命を落としていたかもしれない。おそらく、彼にしてみればコンクリートの上に落ちても受け身をとる自信があったのだろうけれども。

恐怖心なく高層ビルからプールへ飛び込めるのは、日本に橋下徹ぐらいしかいないのではないだろうか。

「ふわっとした民意をつかまえにいく」

そんな橋下さんにも、弱点はある。先ほども述べたが、彼は濃い人間関係が苦手で、とくに議会の人との付き合いが下手だった。

だから、維新では主に私がその部分を担当した。たとえば大阪維新の会の結成にあたっては、私が大阪府議会の議員を１人ずつ説得し、維新に招いた。抽象論は語らず、大阪府と大阪市の二重行政の問題を訴えて、解消すれば多くのメリットがあることを説明した。自民党ではできないから、一緒に維新で頑張ろう、と地道に口説いていった。

大阪都構想を実現するには大阪市議会を押さえなければならない。当然、市議会の自民党会派の人にも会いに行った。「スパワールド」という温泉施設の宴会場まで出向いて、市議を説得したこともある。当時、話し合った市議たちのなかには現在、維新の国会議員や市議会議員を務める人もいる。

一方、端《はな》から拒絶もしくは敵意むき出しモードで「大阪市は府に頼らずにすべて賄える」といって、話を聞こうとしない人もいた。

こういう説得は、橋下さんはできない。相手と意見が合わなければ即座に衝突、説得する前に5分で論破、決裂してしまうのがオチである。

これはもちろん橋下さんの性格によるところが大きい。加えて、橋下さんと私の経歴の違いも多少、影響しているかもしれない。

橋下さんは弁護士で、橋下さんが相手にするのは「クライアント（依頼人）」である。両者の関係は「先生」と「依頼人」ということになる。先生の仕事は、依頼人の相談を聞くところから始まる。両者の利害が一致しなければ、先生は依頼を受けない。関係はそこで終わ

橋下徹さんと。バイクは共通の趣味の一つ

る。

しかし、私はもともと商売人だった。相手にするのは「お客」である。お客さんとの利害が一致しなければ、ビジネスにならない。すぐに机を蹴《け》って席を立つのではなく、「100の利益を80にしたらどうだろう」などと、いろいろ考え、伝えながら交渉を続ける。提案を断られたところから仕事が始まる、といってもよい。政治家になっても、じつは同じような感覚で、説得を粘り強く続けることを心がけていた。

他方、橋下さんの強みはいろいろあるが、政敵も認めていたのは「選挙の強さ」だった。強さの秘密が何だったのか、簡単に説明するのは難しい。ただ、橋下さんがよく口にしていたのは「ふわっとした民意をつかまえにいく」ということだった。

では「ふわっとした民意」とは何か。どうすればそれをつかまえられるのか。残念ながら私に答えはない。ただ、維新の若いメンバーには「いつもサイレント・マジョリティを意識して動きなさい」と説いている。

政治家たるもの、たとえば国会の前で行なわれているデモに参加する人々、目の前の陳情団の向こうに、目には見えない多数の静かな国民がいることを決して忘れてはいけない。そのうえでブレることなく突き進めば、必ず政治家の思いは伝わる。目の前しか見ていない政治家は、選挙のたびに決まって右往左往する。有権者が政治家を判断する際に、格好の判断材料である。

弁が立つ点ばかりがクローズアップされがちだが、つねにサイレント・マジョリティのほうを向いて政治をしていたのが橋下さんの本質だった、といえよう。

吉村洋文流成功のコツは「成功した人を真似る」

2011年4月の統一地方選挙に向けて、大阪維新の会は前年から候補者を公募していた。これに応募してきたのが現・大阪府知事の吉村洋文さんである。

吉村さんは元々やしきたかじんさんの顧問弁護士をしていて、橋下さんはたかじんさんから吉村さんを紹介された。

そこで私は橋下さんから「吉村さんという人が応募するから、一度会ってみてください」といわれ、面接をした。会って話を聞くと、吉村さんは当時、国会議員を志望していた。私は「大阪都構想が維新の政策の１丁目１番地。だから、いま国政進出は考えていない。やるなら地方議会しかないですよ」と話した。

吉村さんは「一度たかじんさんと相談します」といい、相談した結果「橋下さんと一緒にやるのが一番いいんじゃないか」ということになり、私が維新の候補として採用した。

ちなみに吉村さんだけでなく、応募者すべての面接で私が最初に聞いたのは「自立して、生活できているか」という質問だった。親のスネかじりはダメ、生活のために議員になるという者は論外。仮に選挙で落選しても、自立して生活できる人を選んだ。その点、弁護士の吉村さんは文句なし。「十分、食べていける」ということで仲間入りしてもらった。

２０１１年４月の統一地方選挙では、大阪府議会議員選挙と大阪市議会議員選挙が行なわれた。吉村さんは市議選に北区からの出馬を希望していた。北区は３人区で、維新の美延映《みのべてる》夫《お》（現・衆議院議員）さんという現職市議の地盤でもある。同じ維新の新人にとっては、苦戦必至の激戦区。それでもやるのかと確かめると、言下に「やります」と答えた。

厳しい選挙区で勝つためにはどうすればよいか。吉村さんは当時、市議だった井上英孝（現・衆議院議員）さんなど、選挙に強いといわれる人たちが何をしているのか、話を聞いて回った。彼らの手法を徹底的に研究し、同様の行動を着実に積み上げていった。合理的といえば合理的である。

駅前に立ってマイクで政策を訴える候補が選挙に勝てるわけではない。マイクの力で票を稼げるのは、知名度が高い人だけである。当時の維新であれば、橋下さんただ1人。無名の新人である吉村さんがマイクを持って駅前で何を訴えようとも、誰も立ち止まって耳を傾けない。

選挙に強い人たちは、普段から選挙区内の家庭を一軒一軒回って、地道に政策を訴えていた。

「選挙運動」の一環として、有権者の家庭を個別に訪問して特定候補への投票依頼を行なう「戸別訪問」は公職選挙法で禁じられている。だが、告示前に「政治活動」における「地盤培養行為」の一環として、個人の住居を訪問することは認められている。

地盤培養行為とは、「地盤とする選挙区で普段から有権者と接触し、政見その他を周知する行為」のこと。吉村さんは選挙区内の知人の家などを一軒一軒回り、政策を訴えた。

こうした日常の地道な活動で地盤を固めた吉村さんは、２０１１年の市議選で美延さんに次ぐ2位で初当選を果たした。３人区に7人が立候補し、1位と2位を維新が占める快勝だった。もしこのとき負けていれば、現在の吉村知事はなかっただろう。

吉村さんはよく「上手くいくための一番の方法は、成功した人を真似ることです」といっていた。最近の彼の演説は、橋下さんとよく似ている。実際の話を聞き、「YouTube」など映像も見て分析しているのかもしれない。言葉は簡潔に短く、間にちょっとユーモアを入れるところも取り入れて、橋下式の聴衆を飽きさせず、惹きつける演説をするようになった。

しかし昔を振り返れば、２０１０年に応募してきた候補は吉村さんをはじめ、永藤英機《ながふじひでき》（現・堺市長）さん、２０２３年4月の市長選挙に出た横山英幸（前・大阪府議、大阪維新の会幹事長）さん、池下卓（現・衆議院議員）さん、守島正（現・衆議院議員）さんなど、みんな「しゃべれない」メンバーばかりだった。

２０１１年の統一地方選前、大阪維新の会で、私と橋下さんが審査員を務めて演説の練習会を開いたことがある。若手の演説は、無理にがなり立ててうるさいだけのものや、反対に初期の吉村さんのように何を恥ずかしがっているのか、声がやたらと小さいものなど、一様に落第点だった。それがいまでは皆、身振り手振りを交えて堂に入った演説をしている。人は変わるものだ。

吉村さんはその後、２０１４年の衆議院議員選挙で初めての敗北を味わったものの、比例で復活当選。２０１５年には私と組んだW選挙で大阪市長に初当選し、２０１９年には出直しクロス選挙で大阪府知事に初当選を果たした。いまや堂々たる維新の「顔」である。

吉村さんは弁護士だけあって法律に詳しく、政策の立案能力が高いうえ、その時々の自分のポジションに応じて、どうすれば最善の結果が得られるかを敏感に判断できる人である。

吉村洋文さん、そして公募1期生の「吉村世代」が、これからの維新を引っ張っていくことになるはずだ。彼らの「喧嘩」が日本を変えると信じ、健闘を祈りたい。

第5章

政治家よ、とんがって理想を語れ！

怒りをなくした政治家は去れ

最後に、20年の政治家人生を閉じるにあたって、政治や政治家について思うところを述べておきたい。

私は、政治家の最も重要な役割は「税金の使い方を決めること」だと思っている。そもそも、私がなぜ政治家になったかといえば、税金の使われ方に怒りを覚え、予算のあり方を正そうと思ったからである。

これは私だけでなく、政治家をめざした人の大半が考えたことだと思う。国家予算であれ地方予算であれ、税金の使い方に怒りを覚えたから、あるいは満足できないから、それを変えていこうと、政治家を志したはずである。それだけではないにしても、動機の大きな部分を占めていたはずである。

ところが現実に当選した議員や首長を見ていると、税金に対する怒りや不満の度合いが、政治家によってかなり違っている。

たとえば国会議員や知事、政令市の市長には官僚出身者が多い。2023年2月末現在、

47都道府県知事のうち、じつに26人がキャリア官僚の出身であり、都道府県職員出身者を含めれば、およそ65％の知事が元役人、つまり予算をつくる側にいた人たちである。そういう立場の人が政治家になって、自分たちがつくってきた予算を否定できるのか。疑問である。

私は、怒りに燃える人が政治の世界にチャレンジし、政治家になるべきだと考える。怒りがなくなれば、さっさと辞めればよい。それが政治家本来のあり方だろう。しかし実際は違う。政治家の立場に就くことがゴールであり、政治家であり続けることが最大の目標となっている議員や首長の何と多いことか。

政治は「稼業」にすべきではない。私はいわゆる「世襲議員」だったが、政治を「家業」にするつもりもなかった。

ところが、すでに役割を終えたとしか思えない政治家が国会、地方議会に大勢、残っている。死ぬまでバッジをつけ続けたい人たちだ。なかには半世紀以上にわたって政治家を続けている人もいる。最大の目標は現在の椅子を守ることなので当然、選挙が最大の目的となり、政策は二の次となる。

私自身のことをいえば、繰り返すがやれるだけのことはやった。未練はない。

人の怒りというのは、年齢とともに濃淡が出てくるものだと思う。若い頃は小さなことでも腹が立つことが多く、喧嘩ばかりしていた。だが、歳を重ねるにつれて「許せること」が増え、還暦間近の現在は、大抵のことは「しょうがないよな」と諦めるようになった。経験の積み重ねのなかで、怒りが次第に薄らぎ、諦めの境地に近づいた人はバッジを外して、観客席に戻ったほうがよい。

日本の政治家は、待遇が良すぎると思う。だから政治を稼業にしたがる人が後を絶たない。

第2章で述べたように、大阪維新の会は「身を切る改革」を断行して府議の議員報酬を30%削減した。加えて、府知事報酬を30%削減して退職金はゼロ、大阪市長の報酬は40%削減して同じく退職金をゼロにした。日本維新の会所属の国会議員は、議員報酬から毎月18万円を、被災地等に寄付している（国会議員が選挙区内に直接、寄付はできないので党本部に納め、党本部からの寄付となる）。

事実として橋下さんや私、現役の吉村洋文さんは、政治家以前と比べて収入が大幅に落ちた。仕事は多忙でキツく、プライバシーもない。これほど割に合わない職業も少ないだろう。

だから生活のために政治家を続けたいと思ったことはない。怒りだけがモチベーションの源泉であり、怒りがあるから理不尽なことに反抗できた。しかし第1章の冒頭で記したように、２度目の住民投票で負けたとき、もはや怒りはなかった。

私は政治家というのは基本的に「割に合わない仕事」であったほうがいいと思っている。儲からなくても志や怒りを失わない人に、政治に参画してほしい。政治家になった人が「これほど割に合わない仕事なら、身を引いて次の世代に譲ろう」と思えるくらいのほうが、政治家の新陳代謝が高まる。時代に合った政策も実行できるはずだ。

若者の政治へのチャレンジを促す法

とっくに役割を終えたにもかかわらず、自らの身分にしがみつく政治家が残る一方で、政治家を志す若者の数が減っている。大きな理由の一つが、選挙である。落選という失職リスクが、人生設計への不確定要素を増している。政治にチャレンジしようという若者を阻む壁である。

政治を志す若者の減少を改善するには、制度を整えることである。たとえば企業に勤めている人が政治を志した場合、一時的に職場を離れ、政治家を辞めれば、元の会社に復職できる。同様に、選挙で落選したら元の職場に復帰できる制度や、働きながら政治ができる制度を整えるべきだ。怒りを持った若者が果敢に政治にチャレンジできるよう、社会の意識も含めて柔軟な対応が求められる。

ただし、政治家の待遇は上げない。当初の志を遂げたら、政治家を辞めて元の仕事に戻る。そういう人生に合わせて、法律も変えていくべきではないか。

たとえば現在、人口減少が進む自治体で、市町村議会議員のなり手が不足している。この問題を解決するのは、じつは簡単である。時代遅れの公職選挙法を見直せばよい。

その最たるものが「居住要件」である。公職選挙法は都道府県議会議員や市区町村議会議員の選挙についてのみ、3カ月以上その自治体に住んでいることを立候補の要件としている。しかし、国会議員や自治体の首長選挙にこうした規定はない。

私は八尾市の住民だが大阪市長だったし、豊中市在住の橋下さんも大阪市長を務めた。国会議員や都道府県知事、市町村長の選挙には居住要件がない。にもかかわらず、都道府県議選や市町村議選では、同じ自治体に3カ月以上住まないと立候補の資格がないのはなぜか。

一言でいうと、よそ者を排除するためである。

公職選挙法の居住要件とは、都道府県議や市町村議が「地元の名士」に与えられた名誉職だった時代の名残りである。地元のムラ秩序を守るために「よそ者は選挙区に入ってくるな」と排除する、時代遅れの考え方に基づく制度である。即、撤廃すべきだろう。

また、公職選挙法では選挙の種類によって、選挙期間中に頒布できるビラの枚数が制限されている。候補者は枚数を担保するため、ビラ1枚1枚に選挙管理委員会から交付される証紙を貼らなければいけない。

このように煩雑な作業を強いる規定こそ、若者が政治に参加する意欲を削《そ》ぐ。法定枚数内であれば、いちいちビラに証紙を貼らなくてもいいようにすべきだ。

さらにいえば、候補者が公約などを発信するＷＥＢサイトへのアクセスは制限されていない。なのにページを印刷した瞬間、枚数が制限されて証紙を貼る義務が生じるのもおかしな話だ。

現実にまったくそぐわない公職選挙法の規定を改め、意欲的な若者が政治に参画しやすくなるよう、社会の仕組みを変えていく。議員がやるべき仕事はこれである。

都市住民にも故郷の議員になれる機会を

そもそも人口減少が進む地方から、就業機会もビジネスチャンスも豊富で、住環境も整った都市部に若者が生活の拠点を移すのは当然である。流出の流れを止めることは難しい。しかし、都会に出た若者も故郷を忘れたわけではない。ふるさとを大切に思い、役に立てることがあれば協力したい、というケースは少なくない。

それなら都市に住んでいても、郷里の市会議員や町会議員、村会議員に立候補できる仕組みがあればよい。都市部で働きつつ、遠隔地の政治に参画できればなおよい。これを実現するにはまず、先述した公職選挙法の居住要件の撤廃とともに、議会のオンライン化を推進することである。

リモートワーク時代のいま、仕事はどこでもできる。議員だけが例外、特権階級であってはならない。議論のために議場に議員を全員集めるという従来のあり方は、ネット環境が整備された現代にそぐわなくなっている。

じつは地方議会のなかでもとくに議会のオンライン化を積極的に推進しているのが、大阪市議会と府議会である。

２０２０年4月30日、総務省は「新型コロナウイルス感染症対策に係る地方公共団体における議会の委員会の開催方法について」という通知を出している。

「本会議についてはオンライン会議はできないものの、委員会については『各団体の条例や会議規則等について必要に応じて改正等の措置を講じ』たうえで開催することは可能」というのがその趣旨である。

これを受けて同年5月14日、大阪市議会は「大阪市会会議規則」の一部を改正して、全国で初めて、委員会をオンライン会議で開催することを可能にした。

続いて5月26日には大阪府議会が「大阪府議会委員会条例」および「大阪府議会議会運営委員会条例」の一部を改正して、オンライン会議での委員会開催が可能になった。これはオンラインによる委員会開催を認めた全国初の条例である。

さらに大阪府議会は、２０２２年12月20日に大阪府議会委員会条例の一部を改正し、「育児、介護等のやむを得ない事由」により委員会の開会場所に行くのが困難な委員は、特別な手続きを経なくても、オンラインによる出席の許可申請を行なうことができるようになった。

このように大阪府・市が議会のオンライン化を推進する一方で、総務省は依然、本会議のオンライン化に抵抗している。

本会議に関して、「表決は議員が議場において行わなければならない。このため、表決に対する賛否の意見の開陳として行われる討論や、表決・討論の前提として議題となっている事件の内容を明確にするために行われる質疑は、議員が議場において行わなければならない」というのが総務省の見解である。

このように地方議会のオンライン化は緒についたばかりで、本格的な運用にはまだ至っていない。しかし地方議会で深刻化する議員のなり手不足を解消するには、大胆な改革を進めていく必要がある。

そもそも人口減少によって、候補者数が議員定数を割る事態が起こっている。にもかかわらずなぜ、昭和の時代に決めた定数にこだわる必要があるのか。まったく理解不能で、議員定数削減も含めた改革が必要だと思う。

政治家に人柄を求めない

なかには議員活動はまったくのボランティア・無給でよい、という意見もある。私はそこまでいうつもりはなく、一定の活動費は払うべきだと思う。しかし、職場で働いて自立した生活を維持しつつ、議員として議会活動も行なえる環境整備は必要だと思う。

政治家を辞めても生活できる基盤があるほうが、議員の身分にこだわることなく、公約を一直線に、スピード感をもって実現できる議員になれると思う。

逆に議員が手放せない身分になってしまうと、選挙のたびに右顧左眄《うこさべん》する「風見鶏」になってしまう。こういう議員に決断、実行を期待しても無駄である。世論を重んじるのは大事だが、政治には賛否が拮抗している問題で決断を求められる場面が多い。最後は信念から「そういう意見もあるが、私は違う」とはっきりいえるのが政治家である。

議員と従来の仕事の兼業は十分可能である。地方議会の開催は年に100日もいかないところが多く、終日拘束されるとは限らない。

議員活動には大別すれば、政治活動と選挙活動がある。議会での政治活動はそれほど時間をとられない。忙しいのは、選挙で票を積み重ねるための活動、地域に密着したお付き合いである。有権者のほうも、どれほど地域に尽くすかで議員を判断するところがある。

しかし、有権者もそろそろ政治家に人柄を求めるのをやめるべきだ。「あの人は物腰が柔らかくて、いつもニコニコ接してくれる。おじいちゃんの葬式に出てくれたし、おばあちゃんの法要にも参加してくれた。とてもいい人」といった理由で政治家を選ぶのは、改めてほしい。

繰り返すが、政治家の仕事は納税者が納めてくれた税金の使い方を決めること。有権者は、政策遂行の能力で政治家を評価すべきだ。政治家も当然、公約に掲げた政策の実現に集中すべきである。

議会では、自分と相容れない政策を主張する勢力とぶつかることが多い。反対派の意見を聞くことも、もちろん大事である。しかし政治家は限られた任期の中で、物事を「決めていく」ことに集中しなければいけない。

反対派の意見にも耳を傾け、良いところがあれば取り入れるのはもちろんだ。しかし「お互いが納得するまで話し合う」というのは、間違っている。時間は有限だからだ。スケジュールとタイムリミットを区切り、最後は多数決に委ねるのが民主主義である。

あの人は乱暴だ、横暴だといわれようと、与えられた任期の中で約束したことはやり遂げる。批判を恐れず、覚悟をもってやり遂げれば、達成感をもって政界を去ることができる。私と同じような思いを持つ人が増えることを願っている。

有権者の皆さんも、ただ政治家を続けているだけの「いい人」より、限られた時間内で約束を果たせる「乱暴者」を評価していただきたい。

政治家は大人になるな

「仲良しクラブ」になった議会では、往々にして会派の意見がぶつかると「玉虫色の決着」に落ち着く。各会派に配慮した挙げ句、何がいいたいのかわからない文章がつくり上げられる。上手に誤魔化し、中身はなくても八方丸く収まる結論で決着をつける。それが「大人の知恵」だといわれる。

そういう知恵が働くのが大人なら、そのようなつまらない大人になってはいけない。政治家は妥協することなく、とんがっているべきだ。

複雑怪奇な文章で誤魔化す玉虫色の決着ではなく、誰が見てもわかる単純明快な答えを打ち出さなければいけない。それが政治家の務めだと思う。

既成政党の中で妥協することなくとんがり続けると、居所をなくしてしまう。孤立が怖いから、みんな「大人の対応」をしている。既成政党の上手な「誤魔化し政治」が、日本の重苦しい雰囲気をつくっている元凶である。

大人たちは決める責任を放棄し、喧嘩を避けている。

20年前、私が大阪府議会議員になったとき、府議会はまさに仲良しクラブだった。先輩議員からは「政治というのは、清濁併せ呑みながら進めていくものだ」と教えられた。清濁併せ呑めるのが、「大人の政治家」ということなのだろう。清濁といいながら「濁」を多く呑み過ぎたせいか、腹を下して喧嘩をする元気をなくした人が多かった。私は「大人」に馴染めなかった。

第1章で述べたように、私は1期目から所属する自民党に反旗を翻している。当時、先輩から「松井君、まだ当選したばっかりだから、あんまり跳ね返らないで。とりあえず1期目はよく勉強しなさい。3期、4期になったら君らが中心になれるときがくるから」とたしなめられた。

彼のいう「勉強」とは、政治家集団の生き残り方、要するに「大人の知恵」を身につけることである。私にはそのような知恵が欠けていた。身につける気もなかった。2期目の途中、私は自民党会派を飛び出した。

恥を知らない「政党渡り鳥」たち

政治家の中には、所属政党を次々変える人たちがいる。「政党渡り鳥」といわれる人たちである。彼らが何を望んでいるかといえば、やはり政治家のバッジをつけ続けることである。選挙で少しでも有利な立場を得るため、政党を渡り歩く。

国民もそれを知りつつ、「議員は落選したらただの人、仕方ないよね」と思っている。どうりで政治家がリスペクトされないわけである。

日本維新の会にも、やはりそのような人はいた。党の公認で選挙に出た人物は当然、維新の公約に賛同している。選挙運動でも維新の公約を訴えたはずである。

しかし、次の選挙では鞍替《くらが》えして他党の公認で立候補し、その党の公約を訴える。次はまたほかの党から立候補して……、と選挙のたびに言うことが変わる。

有権者も、その候補が二枚舌、三枚舌だとよくわかっている。向こうも「大人」で、舌が二枚、三枚、四枚あるのが政治家だから、仕方ないと思っている。でも、そう思われていることを政治家として恥ずかしく思わなければならない。

二枚舌、三枚舌を指摘され、頭を掻《か》きながらヘラヘラしている。そういう議員を私もたくさん見てきた。恥を知らなければいけないと思う。

「どうせ世の中、俺が前にいったことなど覚えていない」と高を括《くく》り、自己暗示をかけて二枚舌、三枚舌を続けているのだろう。ところが、実際は覚えている。覚えていて、呆《あき》れているのだ。政治家などそんなものだと諦め、見下げ果てている。

子供に自分の背中を見せて導く歳になっていながら、そんな生き方でよいのか。一度、自問してもらいたいものだ。

彼らにすれば、自分は選挙で選ばれたのだから恥じることは何もない、というのだろう。たしかに有権者は判断したが、それはおそらく消去法による判断だ。「ほかと比べればまだマシ」と思われただけで、リスペクトされて選ばれたのではない。自分自身よくわかっているはずで、後ろめたくないか。

なかには選挙区で落ちて比例で復活当選した議員が、党を出て他会派に移る例もある。議員本人は有権者に選ばれたわけではない。政党が選ばれたにすぎない。にもかかわらず、選挙の当選目的で他会派に移るのは、信じられない無節操さである。

比例選出の議員が政党間を移動することは法律で禁じられている。だが、国会内で活動するための会派の移動は禁じられていない。受け入れる側も、受け入れる側だ。国民に対する背信という点では同罪である。

しかし、そこまでしてバッジをつけたい議員が日本には数多《あまた》いる。政治家の身分には、それほど魅力があるということなのだろう。

政治家を辞めたあとの人生設計はあるのか

政治家は誤魔化しと妥協を覚えたつまらない「大人」になるな、といったが、実社会で自立した「大人」であることは、政治家にとって大切だと思う。

39歳で府議になったとき、それまで会社の経営に携わっていた私は、先輩政治家たちに一番足りないのは、民間で働く厳しさだと感じた。それはいまも変わらない。

役所出身の議員、私もそうだが、自民党にとくに多い世襲議員など、民間の厳しさをわかっていない人が多い。彼らが議員を辞めたとき、どういう人生を送るのだろうか。ちゃんと自力で生活できるのだろうか。もし政治家以外に報酬を得る手段がない場合、政治というのは絶対に手放したくない、魅力的な「稼業」になるだろう。

政界には、高学歴でよく勉強している人も多い。座学はよく勉強しているが、リアルの経済活動を経験していない人が若くして政治家になると、往々にして民間の感覚、国民の感覚とズレたことをやってしまう。

それまで勉強ばかりしてきて、自らの生活基盤さえ築けていない20代や30代前半の政治家が「世のため人のため」といっても、どうしても作り物めいて聞こえてしまう。私が20代の頃は、自分のことで精いっぱいだった。まず自分の足元を固めてから、社会のことを考えるというのが、ふつうの感覚ではないかと思う。どうしても彼らとは感覚のズレを感じてしまう。

彼らは、政治家を辞めたあとの人生設計を持っているのだろうか。

維新では選挙の候補を公募している。私が応募してきた人たちの面接で重視したのは、「自立できていること」だった。選挙に落ちても、あるいは政治家を辞めても、自力で自分の人生を送れることを重視している。

実際、公募で候補となり、当選して議員になったけれど、ほかにやりたいことがあるからと、次の選挙を辞退して政界から身を引いた人も何人かいる。彼らは政治を稼業にしていない。

第1回の公募で候補となって大阪市議に当選し、議長も務めた丹野壮治《たんのしょうじ》さんは「3期やったし、住民投票も否決されたんで、本業の税理士に戻ります」といってこの春、政界から去っていった。

彼らは納得して、自分の次の人生を送ろうとしている。私はそれでいいと思う。一番スパッと辞めたのは橋下徹さんである。住民投票で負けた瞬間、辞めると発表。「これからは私利私欲です」といっていた。

なぜ議会から緊張感がなくなったのか

いまでこそ維新が大阪府議会の過半数を占め、大阪市議会でも第一党なので、馴れ合い政治ができない状況になっているが、私が府議になった当時、議会は馴れ合いが当たり前の仲良しクラブだった。

何が馴れ合いをさせるかといえば、どの会派も選挙で過半数を取りにいこうとしないことだった。複数区は自・公・民でみんな通ればいいじゃないかという暗黙の了解があり、表では戦うふりをしていても、実際に議会での勢力を伸ばそうという意欲はほとんどなかった。

一人区では公明も民主も候補を出さず、自民と共産が戦うぐらいだった。

当時は、当選すること自体が目的で、議員になって他会派と闘い、自分たちの政策を実現するのが目的ではなかった。そんな馴れ合いが終わったのは、維新が登場してからである。我々の目的は議員になることではなく、身を切る改革や都構想など、政策を実現することだったから、選挙でも議会でも本気で戦った。

維新ができて、府議会、市議会に緊張感が生まれた。

国政でいえば、いま緊張感がなくなっている原因は、野党がだらしなくて、日本維新の会も含め与党を脅かす存在になっていないことである。なぜそういう存在になっていないかといえば、野党がブレまくっているからだ。維新がまだマシと思われているのは、ブレが少ないからである。

野党第一党の立憲民主党の皆さんは、どう考えても選挙のたびにブレている。民主党は政権が大失敗に終わってから、離合集散を繰り返し、国民の目には、議員たちが選挙に有利な椅子取りゲームに興じているとしか見えなかったと思う。共産党に近づいたほうが得か、離れたほうが得なのかもブレ続けている。

そんな野党に比べれば、自民党のほうがまだマシと国民は思っているのだろう。

我々が大阪でやってきたのは、大阪の自民党よりマシな政党をつくることだった。そして大阪維新の会という組織はブレずに目標に向かって動いてきた。そのことは、選挙で人を選ぶとき、有権者の判断にプラスの影響をもたらしていると思う。

大阪でできたことは、覚悟のある人が集まれば、どこでもできるはずだ。大阪の場合は、二重行政というわかりやすい争点があったので、維新の主張や成果も理解を得やすかったという事情はある。

たとえば大阪の府議会、市議会で議員報酬、議員定数を見直す議会改革が必要なことは、20年前からいわれており、府議会や市議会で比較第一党だった自民党が本気で取り組めば解決できたはずだ。しかし、それを本気でやると他会派と熾烈《しれつ》なバトルになるのが目に見えていたので、できない理屈を振り回して、面倒事に手を出さなかったのだ。実際、２０１１年に維新が府議会の定数を21議席削減しようとしたときは、守旧派が議場にバリケードを張って抵抗するなど、大バトルが繰り広げられた。大阪維新の会はそれでも改革をやり切った。

税金の使い方を変えなければ、持続可能な行政運営ができなくなる自治体がこれから全国各地に出てくるだろう。そのとき、大阪で維新ができた改革は、他の地域でもできるはずだ。ただし、それには自分の椅子、自分のバッジが失われることも辞さない、身を切る覚悟が必要だ。

野党の役割とは何か

ここで野党についても論じておきたい。私は、与党を監視し、是々非々で対応していくのが野党の役割だと思っている。

私は地方議会の議員を務め、市長・知事という地方の行政のトップも務めた。日本の地方自治体は二元代表制のもと、行政の長と議会の両方が直接選挙で選ばれ、議会が行政のチェック機関という位置づけになっている。だから議院内閣制の国政における野党と、地方議会における野党の役割は、基本的に異なっている。

私は大阪府知事、大阪市長という行政側のトップを12年間務めてきたが、議会では大阪維新の会という与党会派を擁していた。そして公明党は選挙で維新と闘う、野党的な立ち位置だったが、府議会・市議会では、何でも反対というような位置づけにはならない。議会の議事運営について足を引っ張ることもない。

私は国会も地方議会と同様に、野党であっても与党が出してくる予算案や法律案に関しては、是々非々で対応していくのがあるべき姿だと思っているし、国民もそれを求めていると思う。

地方で政治家をやってきたからこそ、私には国会のあの国対政治が時間の無駄に見えて仕方がないのだ。野党は注目法案、対決法案の廃案をめざすことが自分たちの最も重要な役割と位置づけている。しかし廃案をめざすといっても、多数派を形成していない野党の自己満足でしかない。

その法律が必要であれば、与党は数の力で一方的に採決を行なうことも可能である。しかし強行採決には国民の反発も大きいので、審議が行なわれることになる。そのとき対案を提示しながら、法案に少しでも修正を加え、より良いものに仕上げていくのが野党の役割だと私は考えている。

たとえば２０２２年12月、旧統一教会による「霊感商法」問題を受けた「被害者救済法」が臨時国会で成立した。このとき日本維新の会は、立憲民主党や国民民主党と協力して、30点だった与党案を50点に、50点を70点にという形で修正しながら、より良い法律を成立させることができた。これが野党の役割だと思う。もっとも共産党やれいわ新選組などの一部野党は、このときも相変わらず「何でも反対」路線を貫いていた。

時代に取り残されたメディアの野党観

日本の少なからぬ新聞やテレビ、とくに政治部という世界の住人は、野党の役割は与党の法案を廃案に追い込むことであり、与党との対決が野党の存在意義と信じて疑わない。

そこに国政政党の維新が登場して、野党のあり方を変えてしまったものだから、メディアは戸惑っただろう。結局、彼らは維新に「与党・自民党の補完勢力」というレッテルを貼り、野党を分断していると批判することしかできなかった。主要メディアの政治部は、いまも維新をこのように位置づけている。メディアの政治部が、時代に取り残されていることを如実に示した例である。

野党の政治家もメディアが伝える上っ面だけの政局報道が、世論調査の結果にリンクしていることを知っているから、メディアが期待するパフォーマンスを行なってきた。永田町に長く住んでいると、それが政治だと思い込んでしまう。

こうして国民から遠く離れたところで「何でも反対」を叫ぶのが、野党の姿である。日本維新の会は、くだらない野党的パフォーマンスに付き合うより、国民に寄り添ったところで、野党本来の役割を果たしたいと思っている。

また、日本維新の会は、国会会期末の風物詩となっている野党による内閣不信任決議や問責決議という茶番に付き合う気もない。

そういう感覚が非常に強いのは、日本維新の会に地方議会の議員出身者が多いからだろう。

たとえばいま日本維新の会代表である馬場伸幸衆院議員は、20年近く堺市議を務めていた。我々が大阪の自民党青年局で一緒に活動していた頃から、彼はよく「あの国会議員、何やっとんねん。くだらん！」と、「何でも反対」の野党を批判していた。

維新の態度は、他の野党にも影響を及ぼし始めている。たとえば国民民主党は「対決より解決」というスローガンを掲げ、「政策本位で与野党問わず連携していく」としている。立憲民主党も現実路線に立ち位置を変え始めている。同党の中には、ゴリゴリに凝り固まった党内左派に辟易《へきえき》している若手も多いと聞く。

安倍政権時代、維新は自民党と組むことが多かった。しかし岸田政権になってからは、維新の政策を通すため、立憲民主党を利用することがある。先の「被害者救済法」をめぐる連携も、その一つである。

政治家である以上、馬場代表や遠藤敬国対委員長も手練手管を弄することはある。２人とも経験豊富で、抜群に知恵が働く練達の士である。

スケジュールを決めなければ物事は進まない

私は、少数に配慮しながら多数が尊重されるのが、民主主義社会のあるべき姿だと思っている。だから少数の意見はしっかり聞く。そして納得できる部分があれば、取り入れればよい。しかし、最終的に物事を進めるために最も重要なのは、スケジュールを決めることである。

たとえば大阪都構想も、スケジュールを決めたからこそ住民投票を実施できた。賛否が分かれる事案を前に進めようとすると、どれだけ協議を重ねようと、反対派は「話し合いが不十分」といって決議を先延ばししようとする。それに付き合って話し合いを続けていれば、永遠に事は進まない。

だから、「この時点までに決議する」とスケジュールを決めることが重要なのだ。そしてそれまでは反対派・少数派の意見を聞く。よく聞いて、納得できる部分があれば取り入れる。そして決められた時間を過ぎれば多数決で決議する。決められるように、選挙で多数派の形成をめざす。私が大阪でやってきたのは、そういう活動である。

一方、国政では日本維新の会は少数派であり、野党である。しかし旧来の野党のように、与党に何でも反対するのが野党の存在意義だとは思わない。先述のとおり、是々非々で与党に対応して、与党案をより良いものにするのが野党の役割だと考えている。

こうした維新の態度は、与党から見れば、かえって面倒臭いのではないかと思う。他の野党のように、維新が何でも反対するのであれば、最終的に数の力で押し切ればいい。国民の多くも野党の「何でも反対」にはうんざりしている。しかし、是々非々で対応する維新には与党もそれなりの対応をして、意見も聞かなければいけない。維新を無視すれば、与党が国民の反発を受けることになるからだ。

こうした維新の態度が与野党を動かして、異例の形で成立したのが、先に述べた「被害者救済法」である。維新が与党との協議のテーブルについたものだから、立憲民主党なども参加せざるをえなくなった。そして互いの意見を取り入れながら法案がより良いものになり、共産党などの一部野党を除く賛成多数で法律が成立した。

当初、自民党は新法の整備を２０２３年の通常国会以降に行なうつもりだった。しかし、維新と立憲は22年10月に召集された臨時国会での成立を主張した。交渉の結果、与党の同意を取りつけることができた。スケジュールが決まったことで、与野党案の落としどころを速やかに見出せたのである。

これに対して、スケジュールを区切らないためにいっこうに進まない最たる例が「憲法改正」の手続きである。私はかつて安倍総理にも「スケジュールを決めなければ、憲法改正はできませんよ」と申し上げたことがある。「話し合い」はいくらでも延長できるからである。

憲法の改正手続きについて、憲法は「各議院の総議員の3分の2以上の賛成で、国会が、これを発議し、国民に提案してその承認を経なければならない」と定めている。憲法を変えるかどうかを決めるのは、あくまでも国民であり、国会議員の役割は発議である。

共産党と立憲の一部の人が憲法改正をさせないと言い張っているのだが、それは国民が決めることである。私は改正したほうがいいと思っているが、私は決める立場にない。それを国民の皆さんに決めてもらうために、まずスケジュールを出すのが、これまで改憲を主張してきた自民党の務めである。

２０１６年の参院選以降、衆参両院で改憲勢力が3分の2以上の議席を占めている。つまり、自民党には発議のスケジュールを決める力があったのだ。しかし、安倍総理も決断されなかった。

私はかねて、大きな選挙に合わせて国民投票を行なうべきだといっていた。２０２１年に岸田文雄政権が発足したときにも、私は翌22年7月の参院選に合わせて国民投票をすればいいといった。しかし、２０１６年以降、およそ7年間も衆参両院で3分の2以上の議席を改憲派が維持していながら、いまだに発議のスケジュールすら決められていない。

決めようと思えばできたはずだが、安倍総理、菅総理、岸田総理は何を恐れたのだろうか。当然、『朝日新聞』や『毎日新聞』は発議を決めた総理を猛攻撃するだろう。しかし、覚悟があればできたはずだ。

「まずスケジュールを決めるべきだ」といえば、「スケジュールありきで憲法改正を進めるのは乱暴だ。もっと丁寧な議論が必要」と批判される。しかし何年議論を続けたところで、反対派はいつまでも「もっと丁寧な議論が必要」と言い続けるだろう。議論が尽くされるのを待てば、永遠に発議はできない。

だからスケジュールを決める必要があるのだ。

選挙なき「防衛費増税」は不信任に値する

岸田総理は2022年11月末、防衛費を27年度にGDP比2％に増額するよう関係閣僚に指示していた。ところが翌12月8日の政府与党政策懇談会で突然、防衛費増額に伴う財源不足を増税で賄う方針を示した。

防衛費をGDP比2％に増額すると、毎年約4兆円の追加の財源が必要になる。このうちおよそ4分の3は歳出削減や年度内に使われなかった決算剰余金の活用などで賄い、残りの4分の1にあたる約1兆円を増税で賄うと岸田総理は説明している。

これを受けて自民党税制調査会は法人税、所得税、たばこ税の三つの税目で増税する方針を盛り込んだ、与党の税制改正大綱を決定した。

税制改正大綱は増税時期について「2024年以降の適切な時期」として明示していないが、もしこのまま増税が決定すれば大問題である。なぜなら、選挙でいっていない増税をしようとしているからである。

2022年2月のロシアによるウクライナ侵攻以降、国内でも防衛費増額を求める議論が高まり、7月の参院選でも自民党は、NATO諸国並みのGDP比2％以上を念頭に、「防衛力の抜本的強化に必要な予算水準の達成をめざします」という公約を掲げていた。しかし、「増税」によって防衛費増額をめざすとは一言もいっていない。

私は防衛力の強化と防衛費の増額は必要だと考えている。しかし、増税という国民生活に直結する重大な政策を選挙を経ることなく決定するのは、国民への裏切りであると思う。私は国会会期末の風物詩となった野党の内閣不信任決議案提出を、くだらないパフォーマンスだと見ている。だが、もし選挙を経ないまま増税が決まれば、日本維新の会は率先して内閣不信任決議案を提出すべきだと思う。

逆に「防衛費増税」を争点に総選挙を行なえば、比較第一党は自民党がとるだろうが、安定多数を取れるかどうかは微妙なのではないか。

維新では、増税なしで財源を確保できる具体的なプランも持っている。国会でぜひ自民党と議論を戦わせてほしい。

実際、維新は増税することなく、大阪府が太田房江知事時代に減債基金から取り崩した5200億円を毎年数百億円ずつ返済して、この15年で積立不足を解消した。歳入が増えないなかで、内向きの諸経費削減や補助金の見直しといった行財政改革を断行し、財源をつくった結果である。国も同様の努力をしたうえで、それでもまだ足りないとき、最後の手段として増税するのが筋である。

たとえば大阪では、府立大学と市立大学の統合を実現した。大学志望の子供の数が減るなかで魅力ある大学をつくるには、スケールメリットを追求するのが最善である。実際、統合した大阪公立大学は現在、公立大学ではナンバーワンの大きさになっている。大阪では二重行政の無駄を解消しながら、大学の魅力を高めることができたのだ。

しかし全国的には、大学の統合がなかなか進まない。なぜなら、二つの大学が統合されれば、それまで2人いた理事長が1人になり、重なっている学部の学部長や教授の数もいずれ減らされることになるからである。要するに、大学は椅子取りゲームをしたくないのだ。そういう大学にはすべて補助金が入っている。

一方、文部科学省は各大学へ補助金を出しながら、官僚を天下りさせてきた。つまり補助金は天下り先へのお土産である。2017年に前川喜平・元文部科学事務次官が辞任に至った違法な天下り斡旋《あっせん》問題が発覚したが、これがまさにそうである。こんなものはいくらでも削れるはずだ。大学統合を進めながら、補助金のあり方を見直せばいいのだ。

安易な増税をする前に、国がやるべきことはいくらでもある。

再編が必要なのは民間企業だけではない

大阪ではこのように府立大学と市立大学を統合することで、補助金等の無駄を解消しつつ大学の魅力を高めることができた。同じ手法を大阪府・市の統合に拡大したのが、我々のめざした大阪都構想である。さらに、これを都道府県の統合に拡大する発想が道州制である。

しかし大阪都構想は僅差で否決され、道州制に至っては進展の兆しすらない。道州制が進まない理由はいくつもあるが、ポスト削減への抵抗は大きい。

たとえば道州制が実現すれば、いま47人いる知事が10人前後になってしまう。多くの役所が統合され、ポストが減らされる。自らのポストが失われるかもしれない改革を、首長も議員も役人もやろうとしないのだ。どんなに非効率であっても、税金で維持されている自治体が潰れることはない、と安心しきっている。

だが、民間企業ではそうはいかない。業界再編を繰り返しながら、必死で生き残りを図っている。典型が銀行業界だ。多くの金融機関が統廃合を繰り返して、三菱ＵＦＪ銀行やみずほ銀行、三井住友銀行という3大メガバンクに収斂《しゅうれん》していった。その過程で多くのポストが失われ、職を失った人も多い。銀行だけではない。民間では生き残るために組織の統廃合を進めるのは当たり前のことである。

もはや国や自治体が多額の税金を投入して、非効率な組織を維持していける時代ではない。民間企業が再編を余儀なくされてきたように、国や自治体も組織の統廃合を余儀なくされなければおかしい。

参考までに、我々が大阪府立大学と大阪市立大学をどのように説得して統合にこぎつけたのか、簡単に紹介しておきたい。

私と橋下さんは各大学の首脳陣に、なぜ統合が必要なのかを膝詰めで訴えた。すると、これから大学統合が必要になることを皆さん、よく理解していた。子供の数が減り、従来のような大学運営が難しくなることも理解していた。

説得が難しかったのは、「なぜ、いまやるのか」という点だった。どちらの大学も、すぐに統合しなければいけないほど追い詰められてはいなかった。大都市の名を知られた大学だけに、受験者数もそれなりにいた。将来の不安は理解できても、現状に危機感を抱いてはいなかった。

10年後、20年後に必要になるなら、そのときに考えればいいではないか、「なぜ、いまなのか」というのが、大学側の当初の受け止め方だったと思う。

そういう人たちに我々がいったのは、「私と橋下さんでなければできませんよ」ということだった。「大阪府と大阪市が一つになって、府大と市大の統合に協力できるのは、私が府知事、橋下さんが市長を務めるいまだけですよ」と。

幸い両大学関係者の皆さんの理解と大阪府・市の関係部署の皆さんの尽力で、2022年4月、大阪公立大学が開校した。結局、統合には10年を要したことになる。いま同大学への期待が非常に高まっている。

多数決が通用しない自民党

先ほども述べたが、少数に配慮してその意見に耳を傾けるが、あらかじめ決められたスケジュールに則《のっと》って、最後は多数決で判断するのが民主主義のルールだと思う。維新の意思決定の方法は、最後は多数決である。賛否が分かれる問題では、維新内の賛成派と反対派がおのおの必死で多数派工作をすることもある。

第2章で述べたが、2011年、大阪府議会に提出した「議員報酬3割カット」という改革案は、維新内でも賛否が拮抗し、多数決の結果1票差で採用された政策だった。1票差とはいえ、多数決で決まった以上、それが大阪維新の会の意思となる。わだかまりは捨て、維新は一丸となって身を切る改革に取り組んだ。

そもそも府議時代、私が自民党会派を離れたのは、第1章で述べたように、大阪府庁舎の移転問題で、自民党が党内の多数決を反故にしたことが原因だった。党内の多数決で「移転に賛成」が自民党の意思と決まったにもかかわらず、議会の無記名投票で多くの自民党議員が反対票を投じ、移転が否決されたのだ。

私は「もうこの党は終わったな」と思った。多数決という民主主義の原則が通用しない組織で、民主主義の根幹をなす選挙で選ばれた我々が活動することはできない。だから私は数人の仲間と自民党を出たのだ。

結局、一部の人が密室の中で牛耳る組織が、大阪の自民党だった。その組織はいまも衰退しつつある。結果、大阪での政党支持率は、維新の会が自民党を上回っている。

じつは国政政党の自民党も、多数決でものを決めない組織である。党の最高意思決定機関である総務会は、党則では多数決が採用されているが、全会一致が慣例となっている。案件に賛同できない総務は退席することで、出席者の全会一致が担保される。党内の対立を未然に防ぐ「大人の知恵」である。

こうした「大人の知恵」は昭和・平成までは通用したのだろう。だがグローバルな視点で見て、そのような政党が政権を担う日本は、激動の世界を生き抜いていけるのだろうか。自民党政権のままで、はたして日本はもつのだろうか。近い将来、「国破れて自民党あり」とならないことを祈るのみである。

もし自民党が党内の対立を防ぐ「大人の知恵」を捨てて、維新のように多数決を意思決定の方法として徹底すれば、自民党は分裂する可能性がある。政界再編が起こり、本当の意味での二大政党制が成立するのは、そのときかもしれない。

首相公選制は民意に応える有力手段

いままで日本では、「密室での談合」や「大人の知恵」「派閥の論理」で首相が決められることが何度もあった。そのたびに、首相公選制を求める議論が盛り上がってきた。

私は、首相公選制に賛成である。憲法を改正して導入すべきだと思っている。

現在の議院内閣制では、内閣総理大臣は、国民が選挙で選んだ国会議員の中から、国会の議決で指名される。国民が直接首相を選ぶわけではない。

首相といえども与党内の「大人の事情」に配慮しなければいけない。内閣支持率が下がれば、与党内から「○○おろし」の風が吹く。小泉純一郎さんや安倍晋三さんのように国民的人気がなければ長期政権は難しく、1年で降板した首相はじつに多い。

それに比べて、行政のトップが、大統領のように国民の投票で選ばれる首相公選制のほうが、国民の支持を背景に、選挙の際に掲げた公約の実現に専念しやすいと思う。

実際、私がそうだった。日本の自治体は二元代表制のもと、行政のトップである首長は直接選挙で選ばれている。知事・市長として私は、任期の4年を視野に、公約の達成に全力を注げた。有権者に直接選ばれているという事実は、仕事をするうえで心強い支えだった。

首相公選制に反対する人は、ポピュリズムに陥る危険性を指摘する。しかし、ポピュリズムを馬鹿にしてはいけない。それはある意味で、大衆民意のことだからである。

国民に選ばれた首相は、選挙で掲げた公約を達成すべく仕事に邁進する。国民が首相の働きぶりに満足しなければ、次の選挙で落とす。党内事情で選ばれたり下ろされたりする首相より、よほど民意を反映した政治ができるのではないか。

アメリカのトランプ前大統領は、大衆の不満や怒りに迎合するポピュリストだと批判されていた。だが、彼が大統領に選ばれたこと自体、アメリカ国民の民意の表れであり、民主主義の一つの形である。ポピュリズムを全否定すれば、民意と無縁なところで国のトップが決まる中国や北朝鮮の独裁体制になってしまう。

首相公選制をポピュリズムに結び付けて否定するより、もう少し日本人の民意を信頼して、導入についての議論を深めてはどうだろうか。

「持続可能な日本」をつくる

２０１２年9月、我々は国政政党・日本維新の会を立ち上げた。11月には太陽の党が合流し、同党代表の石原慎太郎さんが日本維新の会の代表に就任した。その後、他党との連携を探るなかで党名はいろいろ変わったが、現在の日本維新の会に至るまで、その姿勢はまったくブレていない。

日本維新の会がめざしているのは、「持続可能な日本」をつくることであり、そのために時代に合わなくなった制度を見直していくことである。石原さんたちが一番見直したいと考えていたのが憲法であり、我々が見直そうとしてきたのが明治以来の日本の統治機構である。

日本は明治政府による廃藩置県以降、中央集権型の統治機構を維持・強化してきた。権力を中央に集中し、行政上の権限も地方に移譲せず、中央官庁が握り続けた。東京を中心とする強力な中央集権体制は、近代化を急ぐ必要のあった時代には意義があった。しかしいまや耐用年数を超え、弊害のほうが大きくなっている。

道州制の導入を含め、統治機構を変えていかなければならない。国と地方の役割も見直す必要がある。

国の中心的な役割は、外交、防衛、それにマクロ経済政策といった地方ではできない国家の根幹を成す分野に限定すべきである。

一方、医療や教育、福祉は、エリアによって状況が違うため、地方に任せたほうがきめ細かな対応ができる。地方でできること、地方のほうがより効率的にできることは多い。中央省庁の持つ権限を大胆に地方自治体に移譲し、統治機構のあり方を中央集権体制から、地域のことは地域で決められる地方分権体制に移行すべきである。

政党の組織を見れば、自民党も立憲民主党も、国会議員を頂点に都道府県、市町村の議員がピラミッド型に並ぶ中央集権型である。

それに対して日本維新の会は、国会議員も都道府県、市町村の議員も横並びで、それぞれの議員が組織内で役割を分担している地方分権型の政党である。たとえばコロナ対策で法律の改正が必要であれば、国会議員が担当する。地方でやれるところは、地方議員がやる。国会議員が上意下達で物事を進めるわけではない。

自民党や立憲民主党などでは、党の総裁や代表には国会議員しかなれないが、日本維新の会では、国会議員だけではなく地方議員も代表に立候補できる。

自民党や立憲民主党などのピラミッド型組織というのは、これからの時代に対応できない。地方分権を進め、中央省庁の権限も自治体に移譲して、地方でできることをきめ細かくやっていこうという時代には、地方議員が上でもいい。

一方、国が外交と防衛、マクロ経済政策など、国にしかできないことに集中するなら、国会議員もいまほどの人数はいらない。何もかも国でやろうとするから、国会でも本当にやるべき分野の議論が薄くなってしまうのだ。

一度権力を握ると、二度と手放したくないのが人間の性《さが》である。一度できてしまった中央集権型の統治機構を、地方分権型に変えるのは簡単ではない。それができるのは、ピラミッド型で中央集権型の既成政党ではなく、国会議員と地方議員が横並びの地方分権型政党だけだろう。

怒りのスイッチが入らない

国会での喧嘩には、国対委員同士が話し合ってできた台本がある。「ここは反対せざるをえないので、牛歩やります」とか「ここは委員長のマイクを取りにいきます」とか、喧嘩と見えて、じつは台本どおりに行なわれている三文芝居なのだ。

しかし私の府知事時代、大阪都構想について議論する議会に台本はなかった。怒号が飛び交うなか、あわや議場で乱闘かという一触即発の状態になったこともある。隣に座っていた副知事の小西禎一さんが、知事席を離れて相手のほうに向かおうとする私を必死で止めていた。この場面がネットに残っていて、それを見た人たちに、最近また私は叩かれている。

議場にいた大阪府警察本部総務課連絡担当の人たちは、「ほんとに知事、手を出されたら現行犯で逮捕せなあかんようになりますよ」と本気で言っていた。

いまは都構想も終わって、大阪市議会も質問通告や答弁調整をしっかりやっているが、私の知事時代には、自民党の質問通告は大項目だけで、細かい質問まではわからなかった。質問を想定して答弁を用意していたのだが、想定が外れて答弁に詰まることもあった。

そんなとき、「おまえ、ちゃんと答えんかい」という議員がいた。「おまえ」といわれたことにカッとなって「誰におまえ、いうてんねん」と言い返す。「知事がおまえっていいよった」、「おまえがいうのやないかい」と、不規則発言が続く。この場面もまた、ネットに残っている。

ネットでこうしたキレ気味の私を見た人は、いまも私が喧嘩っ早い男だと思っているかもしれないが、実際のところ、もう怒ることはほとんどなくなった。39歳で政治家になってから20年が経過して、人間というのは歳とともに怒りのスイッチの入り方が変わるのだということを実感している。

岸田内閣の増税の話は、「ちょっと違うんじゃないか」とは思っても、怒りのスイッチが入るまでにはならない。年齢によるものなのか、孫ができたためなのか、理由は定かではない。

最近も、かつて都構想の法定協議会で激しく怒鳴り合っていた公明党の議員に「市長、写真撮っていい？」といわれたから、「どうぞ、どうぞ」といって写真に納まった。納得するまでやり合ったから、一度答えが出れば、もうモヤモヤ感はなくなるのかなと思う。

住民投票も2回やった。自分でやれるところまではやり切ったと、納得している。喧嘩に明け暮れた政治家人生が、こういう形で幕を下ろすとは、思ってもいなかった。

若者よ、政界にもっと波風を立てよう!

日本人は気質が優しく、できれば波風を立てたくないという人が多い、と感じる。もちろん、それは悪いことではない。日々穏やかに暮らすには、周囲にそういう人が多くいてほしい。しかし、政治の世界では、波風を立てまくったほうがいい。とくに若い納税者の皆さんは声を上げて議員を動かしてほしい。あるいは政治家になってほしい。

我々の世代はこれから前期高齢者、さらに後期高齢者となり、税金や社会保障費を納める側から受け取る側になっていく。しかも、高齢者の人口が増える一方で、生産年齢人口(15~64歳)は減っている。若い世代の負担は増えるばかりである。

何度でもいうが、日本には理不尽な使われ方をしている税金があまりにも多い。税金を納めている若者が可哀想だ。怒りを持って政治の世界に乗り込み、波風を立てたほうがいい。橋下さんや私が政治の世界に入り、大阪維新の会を立ち上げた理由を思い出してほしい。

若い人たちが政治に参画し、自分が怒りを持った課題の解決に取り組む。これが政治の希望であり、未来である。現職国会議員の皆さんにはせめて公職選挙法を改正し、若い人たちが人口減少の続く市町村で政治家となり、地方から日本の政治を変えることをサポートしていただきたい。

増税されたあとになって「こんな増税は納得できない。税金は払わない」と納税を拒否すれば、犯罪にしかならない。増税されてから怒っても遅すぎるのだ。いま怒らなければ。「こんな税金の使い方は納得できない」「本当に増税が必要なのか」「増税する前に歳出の無駄がいくらでもあるのではないか」――納税者の皆さんは、そのような怒りがあるなら、もっと声を上げるべきだと思う。思い切って政治に参画し、政治の世界に波風を立てていただきたい。若いうちから丸くならないで、とんがって理想を語っていただきたい。ヤンチャだった私も、喧嘩しながら何とかこの世界で仕事ができたのだから。

そして、やるだけやって怒りが収まれば辞めればいい。日本は長寿社会、近いうちに人生１００年時代を迎えるといわれている。

長い人生の中で一時期、公人として社会奉仕精神で働くことは成長の肥やしとなり、その経験は間違いなく自らのスキルアップとなるだろう。

〈著者略歴〉
松井一郎（まつい　いちろう）
1964年、大阪府八尾市生まれ。福岡工業大学卒業後、㈱きんでん勤務。2003年に大阪府議会議員、11年に大阪府知事、19年より大阪市長を務める。大阪維新の会代表、日本維新の会代表ほかを歴任し、23年４月に政治家を引退。

日本音楽著作権協会（出）許諾第2302287-301号

政治家の喧嘩力

2023年５月10日　第１版第１刷発行

著　者　松　井　一　郎
発行者　永　田　貴　之
発行所　株式会社ＰＨＰ研究所
東京本部　〒135-8137　江東区豊洲5-6-52
ビジネス・教養出版部　☎03-3520-9615(編集)
普及部　☎03-3520-9630(販売)
京都本部　〒601-8411　京都市南区西九条北ノ内町11
PHP INTERFACE　https://www.php.co.jp/

組　版　有限会社メディアネット
印刷所　株式会社精興社
製本所　株式会社大進堂

ISBN978-4-569-85447-2

PHPの本

交渉力

結果が変わる伝え方・考え方

橋下 徹 著

16万部突破『実行力』第2弾。大阪府知事・市長時代、並みいる反対派や年上の部下とどう交渉し大改革を進めていったのか。人を動かす・人に強くなる全極意。

〈PHP新書〉定価 本体九〇〇円（税別）